© 2017 Buzz Editora

Publisher ANDERSON CAVALCANTE
Editora SIMONE PAULINO
Assistente editorial SHEYLA SMANIOTO
Projeto gráfico ESTÚDIO GRIFO
Assistentes de design LAIS IKOMA, STEPHANIE Y. SHU
Revisão DANIEL FEBBA, TEREZA GOUVEIA

Ícones: Noun Project
p. 23: Phil Smith, p. 54: Emilegraphics,
p. 80: Laymic, p. 135: Iconic.

Dados Internacionais de Catalogação na Publicação (CIP)
(Câmara Brasileira do Livro, SP, Brasil)

Marques, José Roberto
Desperte seu poder / José Roberto Marques
1ª edição. São Paulo: Buzz Editora, 2017.
208 pp.

ISBN 978-85-93156-28-1

1. Autoconhecimento 2. Conduta de vida
3. Desenvolvimento humano 4. Mudança (Psicologia)
5. Sucesso I. Título.

17-08250   CDD-158.1

1. Autoconhecimento: Psicologia aplicada 158.1

Todos os direitos reservados à:
Buzz Editora Ltda.
Av. Paulista, 726 – mezanino
CEP: 01310-100 São Paulo, SP

[55 11] 4171 2317
[55 11] 4171 2318
contato@buzzeditora.com.br
www.buzzeditora.com.br

JOSÉ ROBERTO MARQUES

DESPERTE SEU PODER

Este livro abriga mais que apenas palavras escritas. Abriga todo o meu desejo de transformação das pessoas em pessoas melhores, que possam construir um mundo melhor. Este livro contempla uma parte importante da minha missão de vida como *coach*, ele traduz os meus *insights* mais recentes e minha entrega completa e absoluta a essa missão, meu compromisso de dar o melhor de mim sempre, em todas as circunstâncias. Temos dentro de nós uma potência. Potência é força em inércia. Parada. Dentro de nós há um universo inteiro, clamando por ser explorado. Quando transformamos essa potência em ação, ela se torna PODER. Nosso poder interior é uma energia impulsionadora, que nos leva a descobrir esse universo interno, latente, virgem. São regiões dentro de nós que sequer sonhamos que existem.

Convido você, se isso fizer sentido na sua vida, a transformar a potência em poder e desbravar esse universo interior.

José Roberto Marques

EU QUERO ME CONHECER

15	A chave mágica da vida
16	Carta de intenção
17	Do zero ao topo
19	Psicogeografia
21	Autoimagem
24	Relação entre autoconceito, autoimagem e autoestima
36	A importância de definir o seu estado desejado
40	Seja o protagonista da sua própria história
43	Antes da morte
46	Metáfora dos últimos 5 minutos de vida
50	Você é seu amigo?
53	Estado emocional
58	Cine coaching de si mesmo (os filmes da sua mente)
63	As 5 emoções básicas do ser humano
72	Roda das 5 emoções básicas do ser humano
75	A dualidade do ser humano
80	Diálogo interno em três esferas
86	Como sentir o que quiser, quando quiser
89	A importância do carisma

EU POSSO ME TRANSFORMAR

97	Mindset: gerando uma nova mentalidade
99	Criando uma perspectiva positiva
100	PMP – programação mental positiva
109	A comunicação na nossa transformação pessoal
115	O poder da flexibilidade e da resiliência
123	O fracasso só existe para quem acredita nele
125	O poder das perguntas
127	Ressignificando sua realidade
132	Sete crenças poderosas das pessoas bem-sucedidas
137	Definindo seus sonhos
139	O sistema da definição de sonhos
152	Metas e objetivos para um futuro extraordinário!

EU VOU AGIR AGORA

157	Agir é uma decisão
160	Você é uma pessoa de ação?
162	Cinco leis da realização
172	A ciência da felicidade
178	Equilíbrio entre desafios e capacidade
180	E agora, o que fazer?
182	A diferença entre prazer e satisfação
184	Comprometimento
185	Mudanças & self-empowerment
187	Os cinco estágios da mudança e do empoderamento
191	Despertando seu poder em sete passos

EU QU
CONF

RO ME

ECER

A CHAVE MÁGICA DA VIDA

Querida pessoa,

Você tem em mãos o poder de transformar a sua vida para sempre, a partir do momento que decidir "despertar".

A realização dos seus desejos começa na sua imaginação, na sua forma de pensar. Ao despertar o melhor de si, você poderá alcançar tudo ou quase tudo que sempre quis.

Transformação e mudanças significativas estão relacionadas à nossa percepção, e não implicam mudanças no mundo a nossa volta. Podemos, sim, mudar a nossa forma de enxergar o mundo, se mudarmos a nossa forma de pensar.

Com as técnicas aprendidas neste livro, a cada dia, você fará pequenas mudanças que, no início, podem parecer imperceptíveis; mas com o tempo você poderá notar o quão longe chegou e o quanto mudou.

A verdade é que, se você fizer praticamente qualquer coisa com foco e dedicação, alcançará uma mudança significativa em sua vida.

Muitas das técnicas que você aprenderá neste livro continuarão atuando em sua mente, ajudando-o por muito tempo depois de ter parado de aplicá-las. Durante a leitura deste livro, a mudança que houver em você poderá impactar positivamente todos à sua volta.

Este livro pode ser uma chave. Se ele fizer sentido para você, pode receber essa chave e usá-la para abrir um portal que dividirá sua vida em dois momentos. Posso te dizer que é uma espécie de mágica, falo isso especialmente pelas sensações que você experimentará durante essa leitura, o que não significa que não exigirá de você esforço e firmeza de propósito.

Admiramos muitas pessoas pelos lugares aonde elas conseguiram chegar ou, pelo menos, pela paz de espírito que alcançaram. Todas essas pessoas tiveram um momento de virada em que uma "chave" abriu, para elas, uma nova forma de ver a vida.

Eu desejo que este livro seja a sua chave mágica.

CARTA DE INTENÇÃO

Quero te convidar a responder às perguntas abaixo. Elas são o começo do nosso processo transformador. Cada vez que você organiza, por meio da linguagem, suas emoções e seus pensamentos, você tem mais condições de conhecê-los e de se conhecer.

Essa é nossa primeira ferramenta. Elas são formas de aprender sentindo. São formas de ativar nosso self 1 (eu analítico) e o self 2 (eu intuitivo) e transcender a cognição, ativando áreas profundas da nossa consciência e espiritualidade.

1. Qual é a área da minha vida que eu quero melhorar?

_____
_____
_____

2. Quais são as 3 grandes melhorias que eu desejo para minha vida?

_____
_____
_____

3. O que eu realmente preciso mudar ou parar de fazer?

_____
_____
_____

4. O que significa eu estar aqui?

_____
_____
_____

DO ZERO AO TOPO

O momento da virada não deve esperar. Ou será hoje ou tantos outros anos virão sem que nada aconteça.

Onde estou e aonde quero chegar? Vivemos em um momento que podemos chamar de "salto evolutivo". Já é possível afirmar que estamos transformando a "era da informação" na "era da psicotecnologia", um novo tempo, em que as pessoas estão preocupadas em aprimorar suas capacidades internas, aumentar o seu autoconhecimento, conhecer melhor a própria mente e elevar o seu potencial ao máximo.

Nosso mundo está em constante evolução, mudanças tecnológicas, científicas e informações chegam rapidamente e se multiplicam. Existe uma conexão instantânea para diminuir a distância, e os acontecimentos são vistos em tempo real, o que impacta diretamente na nossa vida.

Muito provavelmente, você já decorou a frase "o passado e o futuro não existem" e, quando falamos em estado desejado, queremos dizer que a vida só existe no tempo. Tudo é projeção, percepção e memória. Por isso, temos a possibilidade de nos vermos tanto no passado (para ressignificar), quanto no futuro.

Mas, se o futuro não existe, como fica nosso estado desejado? Como fica a premissa básica de ter foco no futuro?

O amanhã deve ser aproximado ao máximo possível do ponto atual. O tempo é uma das coisas mais preciosas que temos. Desperdiçá-lo, portanto, é um erro atroz.

Pense sempre que o tempo deve ser otimizado, ou correremos o risco de perder um dos nossos grandes diferenciais. Viver o tempo presente é o maior aprendizado que uma pessoa pode ter na vida. Um aprendizado que promove cura e projeta felicidade. Dessa forma, valorizar o tempo presente é também não se distanciar demais do estado desejado.

Se você desejava muito alguma coisa e acreditava que isso só aconteceria daqui a um ou dois anos, quando ganhasse na loteria, quando terminasse a pós-graduação... e passar a acreditar que isso pode acontecer hoje, você estará indo do zero ao topo.

É preciso tomar atitudes, parar de protelar coisas que precisamos fazer, pessoas que precisamos visitar, filmes que precisamos ver. Tudo que você disser a si mesmo para não fazer algo agora é uma AUTOSSABOTAGEM. É seu inconsciente determinando a si para que você não alcance uma meta. Agir é uma decisão que rompe com o sistema de autossabotagem e autodestruição.

Será que você é capaz de trazer à sua memória a última vez que você esperou demais para fazer algo e perdeu uma oportunidade? A última vez que você disse que visitaria alguém ou algum familiar e nunca o fez? Ou a última vez que você disse que assistiria a um filme e, quando percebeu, ele já tinha saído de cartaz?

Talvez você tenha sentido algumas dores e disse a si mesmo que iria ao médico. Pode ser que você tenha esperado demais e agora precise fazer algum tipo de tratamento que poderia ter sido evitado. Quando esperamos demais para fazer algo, deixamos de honrar o tempo presente, e ele deixa de ser um presente.

Pense em como você vive o seu tempo. Pense em como você dá significado às suas memórias, àquilo que representa seu passado. Pense em como você projeta seu futuro. O passado, ressignificamos, o futuro, projetamos; mas o presente... temos que vivê-lo. Viver aqui e agora é honrar e respeitar o presente e o estado desejado.

> Psicotecnologia é, predominantemente, uma tecnologia da linguagem. É um termo usado para designar toda tecnologia de suporte à linguagem, como os smartphones e outras modernidades de comunicação ultrarrápida. A linguagem está fortemente relacionada com nossa mente, ela se processa na nossa mente. Assim, ela ativa tanto nossa reflexão quando nossa ação. Ela organiza nossas ideias especialmente quanto usamos a linguagem escrita. Toda psicotecnologia é uma tecnologia que, por meio da linguagem, constrói uma conexão do indivíduo com seu interior (suas potencialidades e o exterior: a vida). A psicotecnologia muda tanto as pessoas que a usam quanto as outras à sua volta.

REFLETINDO SOBRE SEU ESTADO PRESENTE E DESEJADO

1. Você pensa mais sobre o que aconteceu ontem, sobre o que acontecerá amanhã ou sobre o que está acontecendo agora?
2. Você está ansioso para comer o churrasco no domingo, ou está se deliciando com a comida que tem agora no prato?
3. Você está pensando sobre o livro que ganhou e quer ler logo, ou está tirando o melhor proveito desta leitura?
4. Você está pensando em como vai aproveitar as férias com seus filhos no fim do ano, ou está, agora mesmo, demonstrando seu amor por eles?
5. Se você pretende, em um ano, abrir uma empresa, o que te impede de começar efetivamente agora?
6. Você está aqui agora? Ou sua mente teima em buscar sua casa, filhos, pais, amigos ou o programa de mais tarde?

Se você não estiver aqui, vivendo este momento, seu estado desejado continuará no mesmo lugar e você se manterá à mesma distância.

Para ir do zero ao topo você precisa fazer diferente. Você não vai chegar a um lugar diferente se continuar seguindo o mesmo caminho. Depois desta leitura, você vai conseguir ser o piloto da sua própria vida. Eu acredito que você será capaz de, tendo a chave mágica nas suas mãos, não ter medo ou não se recusar a abrir uma nova porta na sua existência.

PSICOGEOGRAFIA

A distância que você tem de você é a mesma distância que você tem do outro. E a distância que você tem do outro é a mesma distância que você tem de você.

O termo psicogeografia é ainda novo para alguns; mas, por meio da própria palavra, é possível entender o que ele significa: psyché, do grego mente, e geografia, "estudo do espaço". Logo, a psicogeografia é a forma como nos relacionamos com os espaços, os lugares e, consequentemente, com as pessoas que estão nesses espaços/lugares.

Há duas versões de uma mesma frase que com certeza são familiares a todo mundo. Com certeza, alguma vez na vida você usou a expressão "não gosto da energia desse lugar", ou "a energia desse lugar é tão boa...". Até mesmo os mais céticos conseguem perceber que todos os lugares, abertos ou fechados, públicos ou privados, emanam uma energia que é facilmente captada e sentida pelo nosso corpo. Há diversos estudos sobre como os espaços influenciam nosso bem-estar e nossa vida.

A Psicogeografia se resume na tarefa de fornecer uma demarcação simbólica, mas visualmente perceptível, que gere psiquicamente estímulos associados ao valor daquele espaço. Ou seja: os espaços têm uma materialidade, mas também uma percepção simbólica, captada pelo nosso corpo, pelas nossas sensações.

Isso também vale para as pessoas que estão nesses lugares, até porque a energia das pessoas compõe também a energia dos lugares. Assim, a Psicogeografia tem uma forte conotação relacional. A nossa psique varia de acordo com a posição em que nos encontramos em relação à outra pessoa, e quando se olha "olho no olho", isso significa estar no tempo presente, com a chance de ouvir mais intensamente na essência.

Assim, a frase "A distância que você tem de você mesmo é a mesma distância que você tem do outro" faz todo sentido. Seu autoconhecimento, sua aceitação de si mesmo, seu amor e autoestima definem também a forma como você se relaciona com as pessoas.

Pessoas que têm problemas consigo mesmas, seja da natureza que for, costumam, também, ter problemas nos seus relacionamentos interpessoais.

Aproximando-nos das pessoas podemos nos aproximar de nós mesmos, porque somos feitos de alteridade, isso quer dizer que somos formados na relação com as pessoas e com os lugares em que nos relacionamos com essas pessoas.

Vamos trabalhar então nossa distância de nós mesmos e do outro.

AUTOIMAGEM

A forma como você se vê influencia a forma como o mundo te vê. Uma autoimagem positiva te conduz ao sucesso, uma autoimagem negativa te impede de alcançá-lo.

A autoimagem é o que pensamos sobre nós e como pensamos que os outros pensam sobre nós. É como nos vemos por dentro e por fora em nossa imaginação. Muitas vezes, só sabemos que temos essa imagem de nós mesmos quando procuramos. A autoimagem é aquela apresentação involuntária que você faz ao se descrever para alguém. É a maneira como você se retrata para outra pessoa.

Sua autoimagem é poderosíssima. É por meio dela que você programa a sua mente sobre o que pensa sobre si mesmo. Essa programação refletirá automaticamente em seu comportamento. Como você se imagina, assim você é. Todas as suas ações serão permeadas com base na imagem que você cria de si mesmo – é como uma profecia autorrealizável.

Muitos de nós conhecemos pessoas que aparentemente são bonitas e interessantes fisicamente, atraentes, mas que têm uma imagem negativa ou contrária de si mesmas. Se acham gordas ou magras demais, velhas demais ou jovens demais, altas demais ou baixas demais – a lista pode ser infindável. Se você é uma dessas pessoas, que acredita que seus atrativos não agradam tanto assim, saiba que, de forma inconsciente, você está se autossabotando.

A maneira como você pensa sobre si mesmo afeta o que os outros sentem a seu respeito. Mais de 90% daquilo que comunicamos está em nosso inconsciente. Isso também significa dizer que aqueles com quem interagimos estão sempre reagindo à nossa linguagem corporal, ao nosso tom de voz e aos sinais emocionais que emitimos. Mesmo que falemos de forma positiva, se mentalmente nos vemos de forma negativa e nos comportamos de forma negativa, nosso corpo automaticamente dirá o contrário do que falamos. Nossas ações, nesse caso, nem sempre confirmarão nossas palavras, se tivermos uma autoimagem diferente do que dizemos.

A percepção inicial para a autoimagem negativa ou positiva parte da projeção interior, das crenças que carregamos, do que acreditamos e valorizamos em nós próprios. Ou seja, é a definição que fazemos de nós mesmos.

A forma como você se imagina e se trata mostra às outras pessoas como você deve ser tratado.

Durante a vida, nos acostumamos a aceitar aquilo que julgamos merecer ou simplesmente precisamos. Não devemos permitir que ninguém abuse de nós mais do que nós próprios. Na verdade, os abusos que cometemos contra nós mesmos, com uma autoimagem derrotista, são os mais graves e os que têm o maior impacto nas nossas realizações – ou falta delas.

Trabalhar a autoimagem é colocar em coerência aquilo que está dentro de você com o que você pratica e transmite ao mundo. Esse conhecimento da autoimagem vai muito ao encontro do autoconhecimento, compreender seus pontos fortes e pontos de melhoria. Lembre-se sempre "Quanto mais me conheço, mais me curo e mais me potencializo".

A CONSTRUÇÃO DA AUTOIMAGEM E SEU SIGNIFICADO

A teoria de autoconceito desenvolvida pelo psicólogo William James refere-se às questões relacionadas à construção do self, "eu" ou "ego". Convido você, a partir de agora, a compreender e aprender a usar os dois lados do seu cérebro, fazendo a conexão entre o "self 1" o "eu"; e o "self 2" o "comigo mesmo".

Vamos entender melhor o que é cada um deles:

Self 1: Falador; conhecedor; julgador; intelectual; faz referência ao eu que pensa, eu racional.

Self 2: Emocional; capacidades e habilidades naturais; aprende com o erro; entende que o erro faz parte do processo de aprendizado.

SELF 1 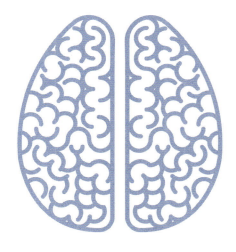 **SELF 2**

> "Quaisquer traços 'negativos' que você possa identificar em si mesmo não são realmente seus – eles pertencem à sua autoimagem negativa e foram programados na sua mente quando você era criança. Ao identificá-los de maneira honesta, você estará pronto para se libertar deles!"
> **Paul McKenna**

A autoimagem – o self – é o fluxo de pensamento que a pessoa reconhece como a verdade sobre si, sobre o ambiente em que está inserida e a maneira que performa nas situações de que participa. A nossa personalidade e o nosso comportamento revelam a essência da autoimagem que possuímos. Logo, se alterarmos o retrato que fazemos de nós, tudo aquilo que exteriorizamos também se modifica.

Algumas das mensagens que você recebeu dos seus pais, ainda no ventre de sua mãe, ou quando criança, foram, sem dúvida, positivas, porém, muitas delas talvez não. Se na pré-escola ou durante o período escolar, dentro ou fora de casa, você passou a vida sendo chamado de "fracassado", "burro", "desengonçado" ou de tantos outros apelidos pejorativos (o que na atualidade podemos chamar de bullying), é provável que tenha absorvido todas essas sugestões negativas com os reforços positivos. Até os 8 anos de idade, provavelmente, você deve ter recebido ao menos cem "nãos". Ou talvez, para cada elogio, recebeu até nove represões.

Na adolescência, a autoimagem quase sempre é negativa. Infelizmente, isso pode piorar com o tempo; pois, nessa fase, existe uma grande confusão mental. E essa confusão reflete diretamente na autoestima e, consequentemente, na autoimagem. Nessa fase, muitos jovens se sentem sem rumo, tristes, desamparados, insignificantes, socialmente inaceitáveis, inferiores.

Compreender qual é a imagem negativa que te afeta é o primeiro passo para eliminá-la. Por exemplo, se alguém lhe ofender com algo que não lhe atinge, você não terá uma carga emocional grande. Do contrário, isso pode te levar à depressão. Se algo lhe aborrece, em geral, é porque, em algum momento da sua vida, você acreditou ter sido uma verdade. Se algo no outro te irrita, isso pode ser considerado uma das partes negadas de você mesmo.

A nossa mente é uma máquina de formar imagens, tais imagens são reconhecidas como verdadeiras, porque nosso cérebro não sabe diferenciar o real do imaginário. Então, quanto mais imagens e sentimentos positivos tivermos de nós mesmos, a nossa autoimagem será transformada e conduzida a uma autoestima mais elevada.

O autoconceito é o ponto inicial, porque é dele que vem tudo aquilo que julgamos e consideramos de nós. Nessa etapa, entra a avaliação que fazemos de nós, em que nos descrevemos e damos nomes às características que possuímos ou acreditamos ter. A partir do autoconceito, construímos a autoimagem, ou seja, como nos vemos e o que mostramos aos outros que somos. E só então chegamos até a autoestima, o que podemos chamar de amor-próprio, o estar bem com o todo que possuímos.

RELAÇÃO ENTRE AUTOCONCEITO, AUTOIMAGEM E AUTOESTIMA

O olhar do outro torna-se referência de nós mesmos. Ou mesmo um espelho. É difícil percebermos que o que vemos no espelho não somos nós, mas uma representação de nós, que nunca é a mesma.

Essa representação de nós cria o conceito que temos de nós, e por conseguinte constrói nossa autoestima.

O conceito de autoimagem refere-se a uma experiência psicológica, subjetiva, individual, sobre a aparência e o funcionamento do próprio corpo. Esse conceito engloba alguns fatores físicos como seu tamanho, postura, tônus muscular, formato de partes do corpo e movimento, entre outros; fatores psicológicos como suas emoções, sentimentos, pensamentos e comportamentos; e fatores sociais como o modo como você se relaciona com os outros ou como se comporta em grupos (ou ainda se você evita a convivência social). A análise desses três fatores pode contribuir para uma eventual distorção da imagem corporal.

Poderemos identificar processos negativos vinculados a uma má aceitação de nós mesmos que pode causar depressão, isolamento e outros problemas relacionados com a satisfação pessoal, a autorrealização, autoestima e correlatos.

Durante o processo de reconhecer, descobrir e melhorar a autoimagem e, também, a maneira que desejamos nos apresentar para as pessoas, inclusive a forma como nos colocamos nos ambientes que frequentamos, é muito importante fazermos o exercício de alterar positivamente as imagens que temos de nós mesmos.

REPROGRAMANDO SUA AUTOIMAGEM

Neste momento, quero te convidar a pegar papel e caneta, fazer uma lista e relacionar as crenças voltadas ao que acredita que você é e o que transmite para as pessoas. Partindo do autoconceito, lembre-se dos nomes com os quais você se descreve, as definições, as imagens, as características, os julgamentos que tem de si.

Como está seu autoconceito?

_____

_____

_____

_____

Como você se descreve? Bem ou mal? Alegre? Triste? Amoroso? Rancoroso? Carinhoso? Agressivo? Fraco? Forte? Introvertido? Extrovertido? Bonito? Feio?

Escreva as palavras que fazem sentido para você, aquelas que você mesmo costuma usar para se definir, ou que dizem sobre como você se vê e se percebe nesse momento

_____

_____

_____

_____

Agora que você terminou:

1. Analise se você costuma se descrever de forma mais positiva ou negativa.

_____

_____

_____

_____

2. Relacione as características mais poderosas e as visualize, assuma que elas podem ser mais fortes do que já são.

_____

_____

_____

3. Visualize também as descrições que podem ser melhoradas e as que gostaria de transformar. Exercite visualizar a mudança. Lembre-se de que a mente não sabe diferenciar o real do imaginário; então, use esse recurso a seu favor para ressignificar as imagens que tem de você. Só você tem o poder de transformar a sua vida.

_____

_____

_____

_____

_____

Agora vou te fazer quatro perguntas poderosas, talvez as mais poderosas desse capítulo. Para isso, eu vou te pedir muita verdade, seja sincero, afinal, só você mesmo vai ter acesso à sua resposta. Procure responder com toda a sinceridade que possui, encontre na sua genuinidade a clareza para dar o melhor de si nessa resposta. Esteja aberto. Se achar necessário, dê a si mesmo um tempo para refletir antes de responder. Permita-se encontrar dentro de você a sua maior verdade.

1. Quem você tem medo de ser?

_____

_____

_____

_____

_____

2. Quem você é quando ninguém está te olhando?

_____

_____

_____

_____

_____

3. Como você imagina que é a verdade sobre você? Qual é a verdade que acredita sobre você?

_____

_____

_____

_____

_____

4. Qual é a verdade que você assume viver de hoje em diante?

_____

_____

_____

_____

_____

Não sei se foi fácil ou difícil responder a essas perguntas, mas de uma coisa eu tenho certeza, se você respondeu de forma genuína, o desejo de encontrar e assumir o melhor que há em você já está desencadeando um processo de mudança interior, mesmo que você ainda não perceba. Quando escrevemos e falamos o que acreditamos sobre nós, é construída uma energia poderosa, porque conectamos os sentidos, a fala e os pensamentos; e, ao assumir o que foi idealizado, é muito provável que as atitudes sejam direcionadas ao que foi assumido como verdade.

Agora convido você a seguir adiante e responder às próximas perguntas. Elas te levarão ao caminho da reprogramação da sua autoimagem.

1. Você repara em si mesmo? A auto-observação é o caminho para uma autoimagem positiva.

A auto-observação é um caminho que capacita o ser humano para uma maior percepção do seu estado emocional. Para fazer esse movimento, é preciso uma disposição interior, um desejo de avançar no autoconhecimento e a vontade de despertar uma autoimagem positiva. A prática da observação oferece muitos ganhos, por meio dela é possível se conectar melhor consigo mesmo; pois, se de um lado você se conhece e reconhece suas emoções, fica mais descomplicado dirigir as ações e ter comportamentos mais assertivos na vida e nas reações.

Quando ela se torna um hábito, e começa a fazer parte das atividades diárias, passa a ser um forte exercício para o crescimento pessoal, quanto mais conhecimento de si, mais desenvolvimento, mais potencialidade, mais fortalecimento e intensificação dos resultados.

Estar em sintonia com aquilo que somos de verdade possibilita a conexão com o "eu maior", o que eu chamo de grandeza interior, quando você reconhece que o único responsável por tudo que acontece na sua vida é você, mesmo que não consiga alterar algum fato, o importante é tirar aprendizados de cada situação e ousar ir além a cada instante.

O caminho da autoimagem positiva é construído com o cuidado, com o amor-próprio, com a aceitação e a mudança interior que reflete no comportamento externo, é quando toma a forma sólida e consistente para concretizar a afirmação da melhor parte que há em você.

a. Quando você olha para si mesmo, do que mais gosta?

_____

_____

_____

_____

b. Quando você olha para si mesmo, do que menos gosta?

_____

_____

_____

_____

c. Se você tivesse o poder de mudar algo em você, o que mudaria?

_____

_____

_____

_____

2. O que as pessoas sentem e pensam quando te conhecem?

É bobagem dizer que não nos importamos com o que as pessoas pensam sobre nós. Nós vivemos em um mundo que é compartilhado com milhões de pessoas; não podemos nos isolar e ser indiferentes aos que coabitam conosco neste universo. É claro que devemos nos guiar pela nossa essência e fazer as coisas conforme nosso desejo de ser feliz; mas, em algum grau, é importante pensar nos demais para construirmos relacionamentos, para alcançarmos a alma dos outros.

Saber o que as pessoas pensam e sentem sobre nós é uma forma de entender o impacto que causamos no mundo, e se esse impacto é positivo ou não. Não tem a ver com seguir padrões ou atender a expectativas alheias, tem a ver com saber viver com as pessoas, colaborando com elas e contribuindo para um mundo melhor.

Nessa fase, o que mais importa não é o que as pessoas acham de você, mas sim como você se sente ou se está de acordo com aquilo que você realmente é ou gostaria de transmitir para os outros. É um exercício poderoso de autoconhecimento. E, mais uma vez, valorizar os pontos fortes e dar forças aos pontos que precisa melhorar.

a. Imagine que você tivesse prestado atenção em todas as pessoas que já encontrou pela primeira vez na vida. Se fosse para classificar os sentimentos e o que elas pensaram sobre você ao te ver pela primeira vez, quais seriam? Como essas pessoas te perceberam? Qual a impressão que você sente quando as pessoas te conhecem?

_____

_____

_____

_____

_____

_____

_____

_____

b. Agora busque na sua memória quando você entrou no ambiente de trabalho pela primeira vez, ou no primeiro dia de algum curso que você fez, até mesmo no encontro com uma pessoa que acabou de conhecer, ou quando conheceu alguém em uma viagem ou na rua. E se não vier nenhum momento ou alguma pessoa, você pode criar o momento ou uma pessoa. Como foi sua percepção do sentimento e reações do outro?

_____

_____

_____

_____

_____

_____

_____

c. Ao pensar sobre o que as pessoas sentem a seu respeito, o que vem à sua cabeça? Se sente confortável ou se incomoda? Realmente está transmitindo aos outros a maneira como você gostaria de ser visto? Essas questões são uma análise que pode contribuir poderosamente com sua vida.

_____
_____
_____
_____
_____
_____
_____
_____
_____

3. E como você gostaria de ser visto pela primeira vez?

Essa pergunta vem como chave de ouro para completar tudo sobre o que você já refletiu em torno da questão da autoimagem. A resposta para essa pergunta é aquilo que você gostaria de transmitir para as pessoas pela primeira vez. Sabe aquela impressão de quando você chega a um lugar e não precisa falar nada, mas a sua presença, sua postura e seu olhar já falam por si só? É isso!

Temos sempre o desejo de que as pessoas nos vejam de determinada forma. Gostaríamos de passar uma imagem mais determinada, ou talvez uma imagem amável e confiável, ou uma imagem de firmeza e liderança. Cada um, por determinados interesses, quer transmitir uma imagem, e pensamos nisso quando escolhemos nossas roupas, os lugares que vamos, as postagens que fazemos nas redes sociais.

Então responda:

1. Como você quer ser visto?

_____
_____
_____
_____
_____
_____

2. O que você precisa fazer para garantir que essa imagem seja percebida pelas pessoas? O que você precisa fazer para reforçar essa imagem?

_____
_____
_____
_____
_____
_____

3. O que você imagina ganhar quando as pessoas puderem, ao primeiro encontro, pensar e sentir isso sobre você?

_____
_____
_____
_____
_____
_____

Diz a lenda que, ao perguntarem a Michelangelo, um dos grandes pintores, escultores e poetas da nossa era, como ele conseguia esculpir anjos tão belos, ele respondeu:

"Eu enxergo o anjo na pedra e vou removendo tudo o que está ao seu redor".

Fazer a reprogramação da autoimagem é bem parecido com o que Michelangelo fazia. É tentar ser menos quem você gostaria de ser e reconhecer mais quem você realmente é. Aos poucos, a imagem que você tem de si vai se tornando cada vez mais positiva e empoderada, a ponto de você querer que todos te conheçam como você realmente é.

Reprogramar a sua autoimagem é muito semelhante a isso – é menos uma tentativa.

Pronuncie em voz alta:

"Eu, (reafirme seu nome), sinto-me cada vez melhor a cada dia que passa.

Eu, _____ , SOU UM SUCESSO.

Eu, _____ , sinto-me totalmente SAUDÁVEL E FELIZ.

Eu, _____ , SOU UM MILAGRE DA NATUREZA.

Eu, _____ , PERMITO-ME IR ALÉM, MAIS E MAIS!"

A MENTE NÃO SABE DIFERENCIAR O REAL DO IMAGINÁRIO. USE ESSE RECURSO A SEU FAVOR PARA RESSIGNIFICAR AS IMAGENS QUE TEM DE VOCÊ. **SÓ VOCÊ TEM O PODER DE TRANSFORMAR A SUA VIDA.**

A IMPORTÂNCIA DE DEFINIR O SEU ESTADO DESEJADO

O autoconhecimento é o início do processo. Sabendo melhor quem você é, torna-se possível compreender aonde suas habilidades, potencialidades e conhecimentos podem te levar. Usando sempre muita ousadia e acreditando que tudo que podemos sonhar podemos também realizar. Para isso, é imprescindível definirmos o que chamamos de "estado desejado".

Ao ter clareza sobre o que é preciso para se sentir realizado na sua vida, você saberá dizer o que você quer para sua carreira, para sua vida pessoal, para seus relacionamentos, ou seja, para todas as áreas que você precisa mudar, melhorar ou transcender. Depois que tiver essa clareza, estabelecer prioridades é essencial, e facilita na hora de fazer o planejamento necessário para a obtenção de resultados.

Determinar objetivos – como ter mais tempo para a família; conseguir uma promoção; fazer uma pós-graduação ou investir em treinamentos ou cursos de curta duração; estudar e fazer carreira em outro país – pode servir de grande ajuda para que você saiba o que e como fazer e qual plano de ação elaborará para atingir essas finalidades.

Quando temos nosso estado desejado bem definido, desenvolvemos a capacidade de nos projetarmos para o momento em que conseguirmos atingi-lo. Isso nos dá ainda mais motivação para seguir em frente e para que isso de fato aconteça. Nessa projeção, conseguimos sentir no nosso corpo as sensações de como será quando estivermos no estado desejado. Podemos sentir gostos, cheiros e emoções.

Para começar a sua jornada rumo ao estado desejado, responda à seguinte pergunta:

Como seria se um dia você despertasse e percebesse que a sua vida se transformou exatamente naquilo que você sonhou um dia?

Agora, imagine mais claramente esse estado desejado:

1. Como você saberia que isso aconteceu? Qual é a evidência?

---

2. O que você está vendo?

---

3. O que você está ouvindo?

---

4. O que você está sentindo?

5. Que mudanças ocorreram em sua vida pessoal?

6. Que mudanças ocorreram em sua vida profissional?

7. Que mudanças ocorreram em seus relacionamentos?

O QUE VOCÊ JÁ É NO SEU INTERIOR OU SENTE QUE PODE SER ESTÁ ATRELADO AO QUE TRANSMITE AO MUNDO **COM SUA PRESENÇA**. ESTAR BEM CONSIGO É O COMBUSTÍVEL PARA ACELERAR A AUTOESTIMA E A AUTORREALIZAÇÃO DOS **SONHOS PROFUNDOS DE UMA ALMA**.

SEJA O PROTAGONISTA DA SUA PRÓPRIA HISTÓRIA

Honrar e respeitar a própria história é o maior poder de um ser humano.

Ser protagonista da própria história é fazer o que precisa ser feito para que as coisas verdadeiramente saiam como você espera em sua vida. É não ser apenas uma vítima do destino ou do planejamento de outras pessoas. É seguir o caminho que você mesmo traçou, abandonando aos poucos a estrada que as outras pessoas pensaram para você.

Se em algum período você passar por situações de insatisfação, o ideal é saber que se trata de um momento passageiro e que, mesmo diante disso, você precisa dar o melhor de si para se destacar e ter sucesso quando chegar a hora de fazer o que realmente lhe dá prazer.

O que quero dizer é que para sermos plenamente realizados, precisamos encontrar um sentido naquilo que estamos fazendo, nos rumos que nossa vida está tomando. Caso contrário, viveremos sob constante pressão e estresse, o que não é física, mental e muito menos espiritualmente saudável.

Também é preciso assumir responsabilidades, pois isso tem a ver com controle. Se você pretende controlar a sua vida, não entregue a responsabilidade dela para outras pessoas – sua família, os meios de comunicação ou mesmo a sociedade em geral. É preciso ser autor da própria história, líder e senhor de si mesmo e não vítima das circunstâncias.

Quando você assume a responsabilidade por suas próprias decisões, você adquire, automaticamente, o controle pelas mudanças e o sucesso de suas realizações.

Pare por um instante e imagine como seria assumir a responsabilidade por sua própria vida – ter o poder de fazer escolhas e mudanças em qualquer área. Estar em paz com tudo aquilo que não pode controlar e ter em mãos o controle de tudo que poderia ser controlado poderá te levar do nível inferior ao nível superior, do zero ao topo.

1. Você é protagonista ou coadjuvante da sua história?

_____

_____

_____

_____

_____

2. Como você deseja estar ao completar 80 anos de vida?

_____

_____

_____

_____

_____

3. O que está por trás de suas escolhas?

_____

_____

_____

_____

_____

4. O que te impede de ser genuinamente o protagonista da história de um grande vencedor?

_____

_____

_____

_____

5. Se sua vida fosse um filme, qual seria o nome dele?

6. O que te impede de ir além, de fazer coisas extraordinárias?

7. Como você verdadeiramente se vê na vida? Sendo o piloto da sua nave, o copiloto ou apenas um passageiro?

8. Qual a história que você anda contando da sua vida?

ANTES DA MORTE

Quando pensamos em nossas vidas, desde nosso nascimento até hoje, quais são os nossos 5 melhores momentos? Dedicamo-nos o suficiente à nossa família? Fizemos tudo o que queríamos fazer, e do nosso jeito? Fomos capazes de expressar nossos sentimentos mais profundos de forma transparente e verdadeira? Quantos amigos se afastaram de nós? Fomos verdadeiramente felizes? Como foi a nossa vida? Teríamos algum arrependimento? Do que nos arrependeríamos de ter ou não ter feito, se fôssemos morrer hoje?

No mundo em que vivemos, cheio de pessoas ocupadas e que levam vidas com relacionamentos interpessoais supérfluos, uma das reclamações mais comuns de pessoas que estão em seus leitos de morte é a falta de amigos.

A enfermeira australiana Bonnie Ware trabalhou por anos com pessoas que estavam em suas últimas semanas de vida e, com base nas histórias dessas pessoas, ela criou um blog que virou livro *The top five regrets of the dying* (*Os cinco arrependimentos de quem está morrendo*). Esses 5 maiores arrependimentos de pessoas próximas da morte nos servem de exemplo para reflexão.

O 1º e mais comum arrependimento das pessoas em seus leitos de morte é não terem aproveitado a vida à sua própria maneira, mas como outras pessoas queriam. Pessoas em seu leito de morte conseguem perceber melhor os sonhos que deixaram para trás. Quando chegar a nossa hora de partir para o plano espiritual, quais serão os nossos maiores arrependimentos? O que teremos deixado para trás? Teremos feito tudo o que queríamos ter feito? A saúde que possuímos nos traz liberdade, mas só a percebemos quando a perdemos.

O 2º maior arrependimento das pessoas em seus leitos de morte é ter trabalhado demais e não ter disponibilizado tempo o bastante para seus filhos e cônjuges. Quantas horas passamos com pessoas importantes para nós? Quando foi a última vez que brincamos com nossos filhos, ou que disponibilizamos tempo para estar verdadeiramente com nossa esposa, marido, mãe, pai, entre outras pessoas essenciais em nossas vidas? Quantas horas gastamos dentro de escritórios, preocupados com nosso trabalho? Quantas vezes deixamos de estar com nossa família para curtir amigos? Estamos tão preocupados com nossas responsabilidades e com pessoas de fora de nossas casas, que nos sobra pouco tempo para aproveitarmos a companhia de pessoas únicas para nós.

O 3º maior arrependimento das pessoas antes da morte se refere a sentimentos que elas guardaram para si mesmas a fim de viver em paz com outras pessoas. Muitas pessoas acabam oprimindo seus próprios sentimentos, chegando até mesmo a desenvolver doenças por conta do rancor e do ressentimento que sentem, por não expressarem de maneira verdadeira o que sentem. Seríamos capazes de mensurar a quantidade de vezes que deixamos de falar alguma coisa e acabamos "engolindo sapos" em prol da boa convivência? Isso acontece em todos os lugares, seja em casa com familiares ou dentro de nosso ambiente de trabalho. Talvez não seja necessário guardarmos tantos sentimentos, basta que saibamos nos posicionar e nos expressar de modo a não causar ofensas nem más interpretações.

O 4º maior arrependimento que pessoas têm antes de deixarem o plano carnal é o de ter perdido contato com seus amigos. A enfermeira Bonnie Ware relata, em seu livro, que todos sentem falta dos amigos quando estão morrendo. Muitas pessoas não percebem que sentem falta de seus amigos até que estejam a poucas semanas de desencarnarem. Quando temos ao nosso lado pessoas que são importantes para nós, sentimo-nos aconchegados, queridos e felizes. Se morrêssemos hoje, quantos de nossos amigos estariam ao nosso lado? Com quantos amigos ainda mantemos contato? Quantos se afastaram de nós?

O 5º maior arrependimento, que muitas vezes é decorrente de crenças limitantes que possuímos, está relacionado à felicidade. Muitas pessoas se queixam de não terem se permitido experimentar a felicidade plena, pois só percebem o que ela verdadeiramente significa quando estão no final de suas vidas. Felicidade é uma questão de escolha. As escolhas que fazemos em nossas vidas nos têm causado mais ou menos momentos de felicidade e satisfação?

Com quais argumentos podemos comprovar isso? Sentimo-nos mais encorajados ou amedrontados em relação aos desafios e oportunidades que surgem em nossas vidas? Em relação a seus pacientes terminais, Bonnie Ware diz que "o medo de mudar fez com que eles fingissem para os outros e para eles mesmos que eles estavam satisfeitos quando, no fundo, tudo o que eles queriam era rir e ter mais momentos alegres".

Quando nos permitimos experimentar a felicidade plena, a possibilidade de nos arrependermos de algo que fizemos (ou não) é muito pequena – ou até mesmo nula. Por isso, viver intensamente cada momento, dedicando-nos ao "agora" e a ser sempre a melhor versão de nós mesmos, em nossas vidas pessoais e profissionais, é essencial para que sejamos capazes de viver uma vida sem arrependimentos.

O filme *Antes de partir*, com os atores Morgan Freeman e Jack Nicholson, relata a história de duas pessoas completamente diferentes, com estilos de vida e valores diferentes e arrependimentos diferentes que, ao se conhecerem em um quarto de hospital, num momento de doença terminal, tornam-se amigos. Edward Cole, personagem de Nicholson, é um rico ranzinza, dono do hospital e Carter, o personagem de Freeman, é um velho mecânico, simples, porém de uma exímia sabedoria. O encontro entre os dois é transformador, pois, mesmo sendo diferentes, algo os unia – a certeza da morte. Carter resolveu fazer uma lista de desejos com tudo que ele queria fazer durante a vida, aqueles que ele sempre quis e nunca foram realizados. Cole completa com suas ideias e a partir daí, eles saem do hospital com a finalidade de completar as vontades contidas no pedaço de papel.

Além da obra cinematográfica por si, que já é fantástica, existe uma reflexão que é abordada no filme.

Reflita sobre as perguntas abaixo e coloque-as em prática! Evite arrependimentos desnecessários. Só se vive o presente, o aqui e agora! Aproveite para ser feliz!

Você gostaria de estar fazendo o que está fazendo AGORA? Sua vida valeu a pena até aqui? Há alguma coisa que gostaria de fazer, mas nunca fez?

METÁFORA DOS ÚLTIMOS 5 MINUTOS DE VIDA

Durante nossas vidas, passamos por diversas situações que nos fazem refletir a respeito de quem somos, qual a nossa missão, nosso propósito e o que queremos deixar como legado. Entretanto, poucas foram as vezes em que nos perguntaram o que verdadeiramente faríamos se tivéssemos apenas poucos minutos de vida. O que faríamos se tivéssemos apenas 30 minutos? Visitaríamos algum parente? Pediríamos alguma comida especial em um excelente restaurante? Gastaríamos todo o nosso dinheiro? Simplesmente ficaríamos ao lado de quem amamos? Iríamos à igreja? Faríamos uma oração? Faríamos uma caridade? O que faríamos se tivéssemos apenas 30 minutos? 15 minutos? 5 minutos de vida? Como seria nosso funeral?

A história abaixo – "O que você faria se tivesse apenas 5 minutos de vida?" – é adaptada do texto "O que você faria se tivesse só 6 minutos de vida?" de João Oliveira, original de Samej Spenser:

Você está no trabalho e algo aconteceu: um forte barulho pode ser ouvido e, na sequência, as paredes se dobram sobre você. Está tudo escuro. O entulho do que antes foi uma construção prende o seu corpo por inteiro, tornando impossível fazer qualquer movimento. Sua cabeça está livre, mas o espaço é diminuto e cheio de poeira. O ar está acabando...

A percepção de que a vida está terminando é nítida. Neste instante, pensamentos começam a surgir numa velocidade incrível. Não há vontade de gritar. Não há nenhum barulho lá fora, parece que todos no prédio tiveram o mesmo destino. Os bombeiros vão escavar o entulho em busca de sobreviventes, mas seriam necessárias várias horas para chegar no ponto exato onde você está depois do desmoronamento. O ar que resta nesta pequena bolha escura só garante a você, agora, cinco minutos de vida.

Quais foram as coisas que você deixou de fazer? Sempre pensou que haveria tempo para tirar férias, assistir ao filme que você comprou e que deixou ainda com o pacote lacrado na estante de sua casa, pensou que haveria tempo para passear na beira de um rio, fazer um piquenique e passar um pouco mais de tempo com a pessoa amada. Quais foram as coisas que você adiou? Qual dessas atividades gostaria de estar fazendo agora? Qual o seu maior arrependimento? O que poderia ou deveria ter feito e não fez? Seus pensamentos estão lhe dizendo, neste momento, quais foram as coisas verdadeiramente importantes na sua vida e que você deixou de vivenciar porque havia algo mais importante, sério e urgente para ser resolvido?

Só restam, agora, quatro minutos e trinta segundos de vida. O local onde você está é tão apertado que é impossível inspirar profundamente e, mesmo que fosse possível, o ar apenas seria consumido mais rapidamente. Seus olhos estão abertos, mas é como se a visão não existisse, tamanha a escuridão ao seu redor. Todo o corpo está comprimido pelos escombros. São tijolos, concreto, madeiras e muita poeira que causam uma forte irritação nos olhos. Como seus braços estão presos, não existe meio de tocar em seu rosto para retirar o pó seco que ficou sobre ele. O incômodo só diminui quando sua mente volta a imaginar como poderia ter sido a sua vida.

Restam, agora, quatro minutos de vida. Será que alguém usará aquele dinheiro que você passou a vida toda acumulando na conta bancária? Nem era tanto dinheiro assim, mas serviria para uma viagem ou para um carro novo... Havia planos para alguns jantares em bons restaurantes, mas nada disso aconteceu. Como o dinheiro poderia lhe ajudar agora? Nem todo ouro, nem toda prata, dólares, palácios, nada do que existe tem valor onde você está agora. Não existe dinheiro nenhum no mundo que possa aumentar o ar ao seu redor.

Três minutos e trinta segundos de vida. Você começa a sentir sede, seus lábios estão secos, a poeira ao seu redor é muita e você começa a tossir. Em sua mente os pensamentos surgem sem parar. Onde estão os seus amigos e parentes? As pessoas que fizeram parte da sua vida, onde elas estão agora? O que estão fazendo? Onde estão os conhecidos que você, por um motivo ou outro, deixou de lado? Foram diferenças banais que, agora, não fazem sentido algum. Neste momento, você não se envergonha de chorar, mas as lágrimas não caem, elas formam uma crosta em contato com a camada de pó que cobre o rosto. E lhe restam apenas três minutos de vida.

O que poderia ter sido feito e você não fez? Quais são as pessoas que mais mereciam sua atenção e carinho? Entre elas, quem poderia ter sido mais acolhida pelas suas palavras? Quem merecia ter sido mais ouvida? Em que momento um abraço poderia ter acontecido como pedido de desculpas? Nada disso importa agora. Você, neste instante, apenas reflete: será que existe mesmo um lugar após a morte? Silenciosamente, você conversa com Deus, com o universo (ou o que fizer mais sentido para você), de maneira caótica, pois sabe que o tempo é mínimo. Tantas desculpas por coisas não feitas e por pecados que de fato existiram, mas que não foram intencionais. Você percebe que não errou tanto assim, apenas praticou atos ligados à falta de maturidade ou à inexperiência. Então, uma onda de paz invade o seu corpo.

Dois minutos e trinta segundos de vida. Um segundo sem pensar em nada... Provavelmente, por falta de ar, você teve um pequeno desmaio e, como se acordasse de um pesadelo, dá-se conta de que tudo é real. Sua vida está terminando. O que faria se lhe fosse dado mais um dia? Aonde você iria? Com quem falaria? Sua mente não para. Você já aceitou sua situação, já não existe revolta nem raiva, apenas a vontade de fazer diferente. Mais um segundo sem pensar em nada e o cérebro volta a imaginar dias felizes do passado. Estranhamente esses dias, que agora são floridos em sua mente, não foram percebidos desta forma quando aconteceram. Tudo parece melhor e maior agora.

Restam dois minutos. Se você tivesse sido mais forte ou mais gentil naqueles momentos... Poderia ter dito a verdade, ou mentido, para não causar dor. Tantas pessoas foram presentes e você foi tão ausente. Onde estão agora? De que valeram as brigas sem sentido? Decisões e adiamentos, sempre pensando que haveria tempo para consertar tudo depois. O que você fez em sua vida que levará seu nome adiante? Qual foi o seu legado? Qual pessoa poderá dizer no futuro que estar com você foi importante para ela? Para quem você fará falta?

Um minuto e tudo terá terminado. O silêncio se faz em sua mente. A falta de ar lhe tirou a sanidade. Trinta segundos restam de sua vida neste buraco escuro.

Tique taque, tique taque, tique... taque... o seu tempo acabou!

REFLEXÃO

Pense agora, você mesmo, o que poderia ter feito de diferente até agora e ainda não fez? Se tivesse apenas 5 minutos de vida, quais seriam suas atitudes. quais seriam seus pensamentos? O que você diria? Com quem gostaria de estar?

Provavelmente, ainda há tempo para mudarmos atitudes, comportamentos, pensamentos, talvez ainda haja tempo para darmos um novo rumo à nossa história. Os dias são como presentes que o universo nos deu. Oportunidades de fazermos diferente, de sermos melhores, de perdoar as pessoas, de sentir amor por elas, honrá-las e respeitá-las do jeito que são. Todos os dias somos colocados à prova em situações que muitas vezes encaramos como "normais" e por esse motivo adiamos um "eu sinto muito", "me perdoa", "obrigado" e "eu te amo", que são premissas básicas do ser humano.

Todos sabemos que a hora de nossa partida é inevitável, mas nem todos estamos preparados para o momento em que isso vá acontecer. Se não existíssemos, que falta faríamos e para quem? O que teríamos deixado de fazer? O que teríamos adiado? Com quem gostaríamos de ter conversado?

VOCÊ É SEU AMIGO?

Você já parou para pensar que é a primeira pessoa que se relaciona consigo mesma ao acordar? Quando abre os olhos ainda deitado na cama, quando se olha no espelho para escovar os dentes ou pentear o cabelo, no carro sozinho, escutando música ou simplesmente correndo contra o tempo para não se atrasar para o trabalho. Ao alimentar-se, praticar exercícios físicos, ou quando está debaixo de um guarda-chuva num dia chuvoso, e até mesmo quando está exausto e o que mais quer é ficar sozinho, dormir, ficar quieto. Mesmo que esteja rodeado por pessoas, ainda assim, você se relaciona com você mesmo o tempo todo.

Este relacionamento consigo mesmo pode ser chamado de relação intrapessoal, pois ele é feito antes mesmo de se relacionar com o outro, com o vizinho, a família, o colega de trabalho, o chefe, os amigos mais próximos e todas as pessoas que você conhece. Mas, nessa relação, você se considera seu amigo?

Segundo o dicionário Aurélio, a palavra amigo pode significar: "pessoa à qual se está ligado por relação amorosa, que ou quem sente amizade por ou que está ligado por uma afeição recíproca que inspira simpatia, amizade ou confiança".

Você seria capaz de ir ao cinema ou sair para jantar fora sozinho? Seria capaz de suportar a solidão em casa, em dias que você não tem nenhum amigo para conversar? Seria capaz de deixar sua família e ir morar sozinho em outra cidade ou país, sem conhecer ninguém? Quantas conversas você tem consigo mesmo por dia?

O que tem dito a seu próprio respeito? Quais elogios faz a si mesmo? Quais "broncas" se dá? Quando comete algum erro, se culpa mais do que aprende e se perdoa? O quanto você se ama de verdade? O quanto se cuida? É capaz de pedir ajuda quando não consegue sozinho? Conhece o seu corpo? Você se respeita? Respeita seus limites?

Uma frase muito poderosa de Sêneca diz: "Perguntas-me qual foi meu maior progresso? Comecei a ser amigo de mim mesmo".

Amigar-se consigo mesmo é o princípio de uma relação saudável, duradoura e próspera, que reverbera em todas as relações que temos com o nosso próximo ao longo da nossa vida. É deixar de ser vítima para ser autor da sua própria história. O autoconhecimento é o primeiro passo para consegui-lo.

Para ser amigo de si mesmo é preciso estar atento ao que te faz bem e ao que te incomoda, ao que você quer e não quer para sua vida. Como você funciona, porque é como é, porque toma as decisões A, B ou C, quais resultados têm, como são feitas as suas escolhas, etc.

Ter a capacidade de se enxergar diante do espelho e olhar dentro dos seus próprios olhos e ser sincero com suas dúvidas, emoções e ser capaz de diminuir o ego para se tornar uma pessoa melhor, diminuir as dores da alma, aceitando as mudanças que forem necessárias para tornar a vida mais leve, calma, com significado.

Ser amigo de si próprio é importante porque o leva a níveis mais profundos da evolução como ser humano. Quando se é amigável consigo mesmo, isso se tornará reflexo no outro e você não aceitará os "presentes" que lhe são impostos no dia a dia se não lhe fizerem bem. Você será capaz de mudar a sua forma de falar sobre o que pensa, sem magoar o outro, porque a primeira pessoa em quem pensará será você. Como gostaria que falassem com você? Tem um ditado popular que diz: "Faz ao outro o que queres que te faça!". A verdade é que, se você fizer mal para você mesmo, com certeza não se importará com o que o outro sente ou sentirá com o que faz para ele. Normalmente, o que você faz com o outro tem base no reflexo do seu inconsciente, da sua parte negada ou aprovada. O que nos irrita no outro, por exemplo, é a nossa parte negada, aquela que não suportamos conviver, ou que até suportamos, mas que não queremos "dar o braço a torcer" por puro egoísmo, ceticismo ou orgulho. Mas o que geralmente faz com o que fazem com você? Pensar nisso sempre que te fizerem algo de positivo ou negativo, te levará a tomar decisões mais assertivas no dia a dia também.

Quem morreria no seu lugar? Quantos estariam dispostos a pagar o "preço" por você? Quantos iriam na "forca" por você? Você iria na "forca" por você?

Ser amigo de si mesmo também significa ter os mesmos tipos de amigos à sua volta. É fácil amarmos quem nos ama. Difícil é amar quem nos faz enxergar os nossos próprios defeitos, as nossas sombras. Esses sim deveriam ser os mais amados, pois nos ajudam a ser melhores, mostram-nos o outro lado do espelho, aquele lado que muitas vezes não queremos enxergar ou que exige coragem para chegar mais perto.

O segundo grande mandamento bíblico diz: "Ama teu próximo como a ti mesmo!". Só se é capaz de amar o próximo se amando e, para isso, é importante ser humilde para aceitar as próprias falhas, enxergar-se por dentro e por fora, ser capaz de se perdoar, autoaceitar-se, agradecer pelas conquistas, confiar nas decisões tomadas, estar seguro para seguir adiante quando nem tudo der certo.

Quem se ama nega-se a participar de coisas que não acredita ou que pode lhe aborrecer, presenteia a si mesmo com o que é bom: boa música, bons livros, boas conversas, lugares bons, boas pessoas, relações saudáveis. Busca a sua paz constantemente, não por encenação e não faz nada que lhe desagrade apenas para agradar aos outros, é gentil e recíproco consigo mesmo e também com o outro, e se observa com carinho, cuidado, atenção.

Você é único! Não existe ninguém igual a você! Se você não existisse, que falta você faria?

Se você já é seu melhor amigo, parabéns! Você está indo muito bem! Se você ainda precisa se tornar seu melhor amigo, com certeza será mais feliz, mais pleno, pois é essa amizade que você terá por toda a vida e que jamais falhará com você.

Reflita como você se comporta com seus amigos, com as pessoas que mais aprecia, no seu relacionamento amoroso, com sua família, e comece a fazer o mesmo para si próprio. Se esses comportamentos forem bons, sua energia será a melhor também. Porém, se esses comportamentos forem maus, sua energia corre sérios riscos de ser não tão boa como poderia ser.

Esteja atento aos seus comportamentos e reações, observe-se no dia a dia. Você pode fazer isso mentalmente ou se olhando no espelho todos os dias. Mas faça! O importante é você estar sempre conectado a si mesmo, principalmente nos momentos mais difíceis da sua vida, aqueles em que você precisa parar e refletir antes de tomar uma atitude ou uma decisão importante.

Preste atenção no que você fala para si mesmo. Pense no seu melhor amigo, em Deus ou numa pessoa muito admirada por você. Toda vez que sentir emoções negativas, pergunte a si o que essa pessoa tão amada te diria e passe a fazer isso por você mesmo.

Se você estabelecer bons sentimentos em seu interior, conseguirá se tornar seu melhor amigo em qualquer situação e alcançará uma base estável para toda a vida. Esse será o seu alicerce, seu apoio maior, seu "eu maior".

Muitas vezes, o que você procura fora pode estar dentro de você. Mas é preciso adentrar-se para encontrá-lo. Convido você, nesse momento, se fizer sentido para você, a começar essa viagem ao seu interior e a andar de mãos dadas consigo mesmo! Você verá e sentirá a grande transformação que essa simples atitude trará para a sua vida!

ESTADO EMOCIONAL

"É a mente que faz a bondade e a maldade. Que faz a tristeza ou a felicidade, a riqueza ou a pobreza."
Edmund Spenser

Você está parado no engarrafamento das 18 horas. Quando o trânsito começa a andar, um outro carro atravessa e entra na sua frente. Pode ser que você tenha uma reação agressiva e, às vezes, até descontrolada com o sujeito, ou pode ser que você simplesmente cuide para que nada pior aconteça, como uma batida.

Por que, diante de uma mesma situação, é possível ter reações tão diferentes?

Algumas pessoas, por exemplo, têm pavor de elevador e escada rolante. Há quem prefira viajar longas horas de ônibus ao invés de chegar mais rápido a outra cidade de avião. Ao passo que outras adoram escalar montanhas, saltar de paraquedas a mais de 30 mil pés de altura. O que as distingue?

Em todas essas situações, a diferença se encontra nos estados emocionais individuais. Sentir curiosidade, coragem, amor, raiva, medo, passividade, apatia, são estados emocionais, em que entramos e saímos o tempo todo, dependendo das situações que vivenciamos e do quanto elas são significativas em nossas vidas, movimento que acontece de forma única em cada um de nós.

Em outras palavras, o estado emocional pode ser definido como a "soma de todos os processos neurológicos que ocorrem em um indivíduo, em determinado momento". Quem de nós nunca passou por dias com o humor alterado ou com estados emocionais negativos, como depressão, raiva, medo? Da mesma forma, também já nos sentimos com estados emocionais totalmente positivos, criativos, com mais confiança, otimismo, alegria e determinação.

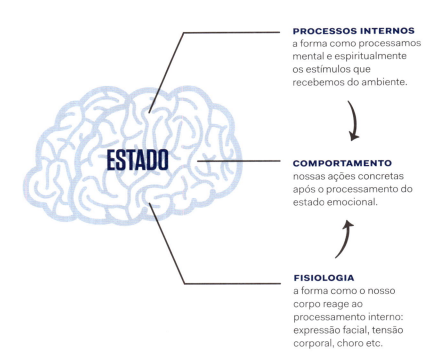

PROCESSOS INTERNOS
a forma como processamos mental e espiritualmente os estímulos que recebemos do ambiente.

COMPORTAMENTO
nossas ações concretas após o processamento do estado emocional.

FISIOLOGIA
a forma como o nosso corpo reage ao processamento interno: expressão facial, tensão corporal, choro etc.

Algo acontece no mundo externo e, automaticamente, reagimos a isso mudando nosso estado emocional. Convido você a fazer esse simples exercício prático:

Pense em alguém por quem você se sente extremamente atraído, gosta muito ou está apaixonado. Agora imagine que essa pessoa acaba de entrar na sala e está bem atrás de você. O que você sente?

O que explica toda essa reação é um processo interno que acontece no intervalo entre o evento e a reação a ela, e isso é capaz de mudar toda a nossa fisiologia, sentimentos e comportamentos. Se você usar essas reações de maneiras diferentes, suas experiências e comportamentos também serão diferentes.

Agora lembre-se de um momento em que se sentiu muito nervoso, talvez antes de uma prova de vestibular, de direção de carro ou até mesmo de falar em público ou falar algo importante a alguém a quem se ama muito. O que você sentiu? Descreva com a máxima riqueza de detalhes.

Convido você, nesse momento a PARAR onde quer que você esteja e a ressignificar esse sentimento.

1. Apoie seus pés no chão com firmeza;
2. Endireite os ombros, respire profundamente;
3. Sorria.

Agora tente pensar novamente na situação, sem mudar sua postura.

1. Mantenha os ombros para trás e os pés firmes no chão;
2. Sorria novamente.

Se você seguiu as instruções acima, é provável que já tenha percebido que os seus sentimentos em relação à situação mudaram ou você não consegue mais lembrar-se dela da mesma forma.

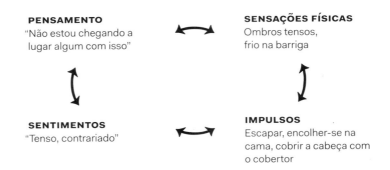

Emoções são formadas pelo conjunto de pensamentos, sentimentos, sensações físicas e impulsos para agir ou reagir. Quando você experimentar emoções negativas ou desagradáveis, estando consciente de como elas surgem, poderá avaliar o que está acontecendo e observar a interação dos diferentes aspectos dessa formação.

Há algumas décadas muitas pessoas acreditavam que, ao mudar os pensamentos, mudava-se o estado de espírito também. Porém, a partir de 1980, descobriu-se que o contrário também pode acontecer: nosso estado de espírito também pode mudar nossos pensamentos.

Isso quer dizer, na prática, que mesmo que tenhamos momentos repentinos e passageiros de tristeza, estes são suficientes para alimentar e criar pensamentos negativos, definindo como você passa a enxergar e interpretar o mundo. Assim como um dia chuvoso pode fazê-lo se sentir melancólico, uma pequena irritação pode trazer à tona memórias de um passado ruim, aprofundando ainda mais sua irritabilidade. Isso também vale para as demais emoções: se você sente um estresse muito alto e difícil de controlar, que te leva a extremos, isso também pode gerar raiva, irritação, baixa resiliência. Da mesma forma acontece com a ansiedade, medo, raiva e com as emoções "positivas" como alegria, amor, otimismo, empatia, serenidade, compaixão.

Seja em âmbito pessoal, seja profissional, os estados emocionais podem causar problemas se estiverem instáveis e, principalmente, frequentemente negativos. Essa oscilação requer atenção, uma vez que pode causar sérios prejuízos à sua vida e a de todos à sua volta. Por isso, é importante identificar os sinais de qualquer distúrbio e buscar auxílio para tratá-lo o quanto antes.

Essas alterações nos estados emocionais, em casos mais graves, são conhecidas como borderline e percebidas por meio de mudanças muito repentinas de humor. Num momento a pessoa está muito feliz; noutro, muito triste ou com bastante raiva ou mesmo indiferente e apática.

Até mesmo para as pessoas mais próximas é muito difícil lidar com essa instabilidade, pois, na maioria das vezes, não conseguem compreender a razão de tão drástica mudança. Com isso, tanto as relações familiares e afetivas como as de trabalho são bastante prejudicadas.

Por outro lado, o indivíduo instável sabe que tem esse problema e, para camuflá-lo, muitas vezes, tende a usar outras justificativas. Assim, enquanto não se torna consciente do problema e busca por ajuda, a pessoa tende a sofrer com esse desequilíbrio.

Nesse contexto, para melhor controlar os estados emocionais e evitar que mudanças repentinas prejudiquem a sua vida pessoal e a sua carreira, o autoconhecimento é um importante aliado.

CINE COACHING DE SI MESMO (OS FILMES DA SUA MENTE)

Todos nós temos a capacidade de visualizar em nossa imaginação tudo o que quisermos. Observe como isso é possível respondendo às perguntas abaixo:

1. Como é a porta da frente da sua casa? Qual é a altura dela? Qual é a largura dela? De que cor ela é? De que lado está a maçaneta?

_____

_____

_____

_____

_____

2. Qual foi a melhor viagem da sua vida? Como era esse lugar? Como se sentiu quando esteve lá?

_____

_____

_____

_____

_____

Para responder às perguntas acima, você precisou percorrer em sua memória e imaginação e visualizar cada detalhe, porém, sem uma "qualidade fotográfica" – e isso é bom. Se suas imagens internas fossem tão realistas quanto o que você enxerga no mundo real, você não seria capaz de diferenciá-las. Na prática, isso quer dizer que todo mundo é capaz de conversar consigo mesmo, criando imagens e sons em suas mentes. Algumas vezes, essa habilidade pode nos estimular a ser mais criativos.

Convido você a fazer agora um pequeno exercício que lhe ajudará a ver como os filmes da sua mente funcionam:

1. Pense em uma música que você goste muito. Lembre-se dos sons do mar ou ouça a voz de quem você ama fazendo-lhe um elogio sincero.
2. Lembre-se de um momento em que você teve uma discussão com alguém e, mesmo depois de horas, continuou repetindo mentalmente todas as coisas desagradáveis que ouviu e que fizeram sentir-se mal.

1. Agora pense que alguém lhe faz um convite para ir a uma festa. Imagine-se de pé, na sala, pouco à vontade, meio perdido. Você não conhece ninguém na festa. A música que você mais detesta está tocando muito alto ao fundo e tem muita gente conversando ao mesmo tempo. De 0 a 10, quanto você gostaria de ir a essa festa?

| 0 | 1 | 2 | 3 | 4 | 5 | 6 | 7 | 8 | 9 | 10 |

2. Agora, novamente, imagine-se na festa confiante e à vontade cercado de pessoas agradáveis que demonstram interesse verdadeiro em estar com você, algumas delas você conhece. Ao fundo, você ouve a sua música favorita no volume certo. De 0 a 10, qual é a sua vontade de ir a essa festa?

| 0 | 1 | 2 | 3 | 4 | 5 | 6 | 7 | 8 | 9 | 10 |

Se você sentiu diferença entre essas duas situações, você pode compreender o quanto a qualidade de suas representações internas pode determinar a qualidade dos seus pensamentos e comportamentos, determinando, assim, consequentemente, a sua qualidade de vida. No entanto, a maioria das pessoas exerce um controle maior sobre os filmes a que assiste no cinema (de fora) do que aos que estão passando na própria mente. Esse é um exemplo da sua mente comandando você e não você comandando a sua mente.

O mesmo acontece quando uma pessoa tem medo de viajar de avião. O que pode vir à sua mente são apenas catástrofes, medo de o avião cair, tragédia. Ao mudar a mentalidade e passar a pensar no prazer do voo, no lugar que vai conhecer, nas pessoas que encontrará, nas experiências positivas, você passa se sentir totalmente relaxada e confortável. Ao aprendermos a visualizar os filmes mentais de uma forma diferente, por outro ângulo, você começa a se sentir melhor quanto a viajar de avião. E, em pouco tempo, começa a criar dentro de si um novo condicionamento, a ponto de ansiar pela próxima viagem.

A partir do momento que você aprende a alterar as imagens e sons em sua mente, seu controle consciente sobre a sua vida aumenta.

Seguindo na reprogramação do estado mental, vamos para outro exercício simples:

- Pense em uma pessoa que te incomode e te aborrece ou que o deixe nervoso, estressado. Lembre-se do rosto dela. Agora, ao visualizá-la em sua imaginação, pergunte a si mesmo:
- Como é a imagem? É uma imagem colorida ou em preto e branco?
- Ela está à sua esquerda, à sua direita, atrás de você ou à sua frente?
- É grande ou pequena?
- A imagem é clara ou escura?
- Movimenta-se ou está parada? Está de cabeça erguida ou abaixada?
- Convido você a representar essa pessoa mentalmente. Experimente a mudança a seguir, uma após a outra, e observe o que acontece.

REPRESENTAÇÃO DOS FILMES EM SUA MENTE

1. Se a sua representação dessa pessoa estiver se movendo, congele a imagem para que fique imóvel, como uma estátua.

2. Se a imagem tiver alguma cor, elimine-a até que se pareça com uma antiga fotografia em preto e branco ou em marca-d'água.
3. Escolha a imagem até que fique minúscula, tão pequena que não consiga ver.
4. Leve para bem longe essa imagem de você.
5. Dê à pessoa um nariz de palhaço, cabelos azuis e enormes orelhas de coelho.
6. Imagine o som da voz dessa pessoa. Em seguida, altere-o dando-lhe um tom forte e poderoso. Mude de novo até a voz parecer o chiado de um balão.

Ao fazer essa reprogramação mental, você também reprogramará a maneira como se sente. Agora volte a pensar na mesma pessoa, mas de uma outra forma. Como se sente agora em relação a ela?

É bem provável que ela não provoque em você a mesma reação estressante. Você não apenas se sente diferente agora, mas, na próxima vez que encontrar essa pessoa, provavelmente vai se sentir diferente. Isso quer dizer que ela vai reagir de maneira diferente à sua presença também, mudando para melhor a dinâmica desse relacionamento.

Nesse momento, convido você a experimentar a diferença que faz de viver a situação dentro ou fora de uma lembrança, por meio da técnica de dissociação.

Dissociação

Assistir ao filme

1. Pense em uma lembrança ligeiramente desconfortável e estressante.
2. Ao perceber que imagem ou imagens lhe vêm à mente, saia de si mesmo até poder enxergar a parte de trás da própria cabeça. Afaste-se dessa imagem e, mentalmente, mova-se para o lugar mais longe que puder. Saia totalmente da imagem para que possa ver, lá longe, ainda nela. Esse processo de dissociação reduz a intensidade dos sentimentos criados pela visualização.

Agora vamos fazer o contrário e visualizar uma imagem positiva, com você vivendo o filme. A isso damos o nome de "associação".

Associação
Viver o filme

1. Pense em um tempo de sua vida quando se sentiu maravilhosamente bem e, mais uma vez, permita que a imagem lhe venha à mente.
2. Agora entre na imagem para que possa vê-la através de seus olhos, ouvi-la e sentir-se maravilhosamente bem em seu corpo.
3. Amplie a imagem, amplifique os sons e aprofunde as sensações.

Dica: para reduzir a intensidade, saia da imagem e se afaste; para aumentar a intensidade, entre na imagem e faça tudo aumentar de proporção.

Como você se sente em relação a cada situação é resultado direto das imagens mentais que você faz delas, do que sente, escuta em cada momento e como isso influencia diretamente em seu corpo e comportamento.

PARA DIMINUIR EXPERIÊNCIAS ESTRESSANTES OU DESAGRADÁVEIS	PARA INTENSIFICAR EXPERIÊNCIAS POSITIVAS E ENRIQUECEDORAS
Saia da imagem (dissociação). Congele a imagem. Diminua a imagem e afaste-a de você. Torne a imagem preta e branca, embaçada ou fora de foco. Diminua os sons, tornando-os mais silenciosos.	Entre na imagem (associação). Transforme a imagem em um filme. Aumente-a e aproxime-a. Intensifique o brilho e a claridade. Amplifique os sons (a menos que seja uma experiência de paz, quietude, tranquilidade).

AS 5 EMOÇÕES BÁSICAS DO SER HUMANO

É importante, num processo de autoconhecimento e cura interior, sabermos das emoções básicas do ser humano que, segundo Eric Berne, são cinco: raiva, medo, tristeza, alegria e afeto.

Diante de um estímulo, o nosso corpo reage de acordo com a circunstância e intensidade, desencadeando uma das cinco emoções básicas. Desde a detonação da carga emocional até seu efeito corporal, podemos identificar três tempos da emoção: o sentir, o expressar verbal e o atuar corporal.

1º tempo: o sentir

É um processo intrapsíquico. Todo ser humano vem programado para sentir as cinco emoções básicas. É natural e normal que tanto o homem quanto a mulher sintam: raiva, medo, tristeza, alegria e afeto. Embora alguns homens garantam que não sentem medo, isso é balela. Pode até ser que o processo educacional tenha sido repressor do medo. Aliás, veremos adiante que assim começam as emoções de disfarce: proibição de uma emoção autêntica e imposição para que você não sinta o que sente, e sinta o que o outro quer que você sinta.

2º tempo: o expressar verbal

É traduzir a emoção em palavras. É humano e, até onde sabemos, somente os humanos têm a possibilidade de exprimir o que estão sentindo por meio das palavras. O processo verbal é o grande diferencial do homem em relação aos demais animais: o poder da palavra. Sendo as palavras símbolos mentais, a expressão verbal é algo extraordinário na vida humana, a palavra tem o poder de curar, se expressada de modo adequado. Como também pode fazer adoecer e até matar, se expressada de modo inadequado. Há palavras que alegram e as que entristecem, assim como induzem ao medo, à raiva ou podem acalmar. Algumas trazem dúvidas ou esperança, outras negam e outras afirmam determinados sentimentos. Enfim, as palavras têm substância e poder, representam o fio de ouro do pensamento, das crenças e dos sentimentos.

3º tempo: o atuar corporal

É a expressão corporal das emoções, ou seja, o modo como a emoção sentida ou verbalizada se exprime pela linguagem do corpo. Sabemos que a energia da emoção se espalha por todo o corpo, atingindo determinados setores, e que, ao alcançar nossos músculos, as emoções produzem movimentos diversos: finalistas e não finalistas, repentino ou calmo, aproximativo ou separativo, espontâneo ou provocativo.

A tabela abaixo mostra a essência do que foi dito, correlacionando cada emoção aos fatores estímulo, efeito e consequência:

ESTÍMULO (CAUSA)	EFEITO (EMOÇÃO)	CONSEQUÊNCIA (CONDUTA)
Obstáculo	Raiva	Agressão/Superação/Defesa
Perigo	Medo	Fuga ou luta
Perda	Tristeza	Paralisação/Recuperação
Conquista	Alegria	Aproximação
Contato	Afeto	Conjugação

Emoção da raiva: Segundo o dicionário, a raiva é caracterizada como um sentimento de fúria intensa e descontrolada; grande aversão em relação a algo ou alguém; ódio; sentimento de irritação. Trata-se de um estado momentâneo de nervosismo intenso em relação a algo ou alguém, que pode estimular ataques de agressividade física ou verbal.

Induz a movimentos violentos de ataque ou de defesa, aumentando a força corporal. Gera força e energia para superar obstáculos. Todas as vezes que houver ameaça à sua vida, ou condição de vida, a raiva se apresenta como defesa natural, uma espécie de força vital. Como não existe uma emoção chamada coragem, a raiva funciona como antídoto natural contra o medo.

Facetas da raiva: Agressivo, crítico, irado, histérico, invejoso, rabugento, decepcionado, chocado, exasperado, frustrado, arrogante, ciumento, agoniado, hostil, vingativo, colérico, sentido, indignado, chateado, revoltado.

Responda abaixo:

1. O que você sente e fala quando está com raiva?

_____

_____

_____

_____

2. Qual comportamento você costuma ter quando se sente com raiva?

_____

_____

_____

_____

3. Você já se arrependeu de alguma coisa que fez quando estava nesse estado de raiva?

_____

_____

_____

_____

4. O que você faria de diferente?

_____

_____

_____

_____

Emoção do medo: Já o medo é definido como um estado emocional gerado a partir da sensação de ameaça; risco de morte; perigo real ou imaginário na mente; ausência de coragem; preocupação com algum fato ou possibilidade; grande inquietação em relação a algo desagradável.

O medo é um impulso geralmente desqualificado pelos seres humanos. É muito comum nos referirmos ao medo como um impulso negativo, ou até mesmo como uma falha grave ou defeito nas pessoas. O medo nos ensina o respeito ao limite; precisa ser eliminado ou superado quando ele é ou se torna patológico.

Facetas do medo: Tímido, apavorado, medroso, horrorizado, desconfiado, incrédulo, envergonhado, embaraçado, afoito, surpreso, culpado, ansioso, prudente, indeciso, constrangido, modesto.

1. Você tem medo de quê?

_____

_____

_____

_____

_____

_____

2. De 0 a 10, quanto esse medo te paralisa?

| 0 | 1 | 2 | 3 | 4 | 5 | 6 | 7 | 8 | 9 | 10 |

3. O que você sente e fala quando está com medo?

_____

_____

_____

_____

_____

_____

4. Qual comportamento você costuma ter quando se sente com medo?

_____

_____

_____

_____

5. Você já se arrependeu de alguma coisa que fez quando estava nesse estado de medo?

_____

_____

_____

_____

6. O que você faria de diferente?

_____

_____

_____

_____

Emoção da tristeza: O dicionário também define a tristeza como o estado sentimental marcado pela melancolia ou falta de alegria; falta de contentamento e entusiasmo; circunstância em que o desânimo prevalece mais que os outros sentimentos; qualidade ou estado de quem é triste. A tristeza leva à cessão dos movimentos. O medo e a tristeza levam à baixa autoestima, à tristeza, à negação da alegria. A alegria que foi frustrada aparece como uma raiva impotente e logo dará lugar a uma tristeza: por perda real ou condição de vida.

O positivo é expressar a tristeza por palavras e gestos, entrar em contato com o sentimento e permitir-se chorar e ou recolher-se. Você precisa de um tempo para recuperar energia, avaliar a extensão da perda e se redirecionar para outras emoções: passar a contatar uma emoção autêntica subjacente e ir fundo nela. Longos períodos de tristeza levam à depressão, baixa autoestima, baixa nos níveis de anticorpos, predispondo-se o à infecção com maior facilidade.

A tristeza é uma das emoções mais perigosas à saúde quando muito prolongada. As modificações corporais provocadas pela tristeza são menos evidentes do que as das demais emoções.

Facetas da tristeza: Triste, desesperado, desgostoso, depressivo, entediado, solitário, ferido, desolado, meditativo, estafado, retraído, apiedado, concentrado, deprimido, melancólico, nostálgico.

1. O que te entristece?

2. Com que frequência você se sente triste?

3. Que comportamento você costuma ter quando se sente triste?

4. Você já se arrependeu de alguma coisa que fez quando estava nesse estado de tristeza?

_____

_____

_____

_____

_____

_____

_____

5. O que você faria de diferente?

_____

_____

_____

_____

_____

_____

Emoção da alegria: Sentimento de grande contentamento e regozijo que normalmente se manifesta por gestos externos e comportamentos felizes como sorriso e felicidade; condição de quem é verdadeiramente feliz; estado de satisfação extrema; sentimento de contentamento ou prazer excessivo.

É a emoção mais boicotada, a alegria expande o ego e contagia. A alegria é salutar, é desfrutar a vida com prazer e compartilhá-la com os amigos, parentes, entes queridos. Ter alegrias por suas vitórias, seus feitos e suas realizações e ter alta autoestima. Os efeitos da alegria são impulsos fortalecedores da energia geral. Sendo a alegria uma emoção contagiante, há tendência à aproximação física, toques, abraços e afagos.

Facetas da alegria: Alegre, contente, confiante, feliz, satisfeito, animado, interessado, deslumbrado, otimista, aliviado, eufórico, embriagado, espirituoso.

1. O que te faz sorrir?

2. Com que frequência você se sente alegre?

3. Que comportamento você costuma ter quando se sente alegre?

4. Você já se arrependeu de alguma coisa que fez quando estava nesse estado de alegria?

5. O que você faria de diferente?

Emoção do afeto: Trata-se de um sentimento positivo presente nos mais variados tipos de amor: fraterno, materno, paterno, ágape, conjugal, entre outros; carinho, amor e bondade com outra pessoa; sentimento de imenso carinho por algo ou alguém; sentimento e emoção que são manifestados de diversas maneiras.

Emoção presente nos estados de amor em seus diversos rótulos, amor maternal, paternal, filial, fraternal e romântico. O afeto expande a alma engrandecendo-a, correlaciona-se ao prazer, ao sexo e ao amor, induzindo-nos a uma aproximação física tão grande que permite ou traz proteção e reprodução.

Facetas do afeto: Amoroso, apaixonado, solidário, malicioso, deslumbrado, vidrado, saudoso, encabulado, indiferente, curioso, enternecido, comovido, esperançoso.

1. Você se considera uma pessoa afetiva?

2. Que gestos e comportamentos seus podem te identificar como uma pessoa afetuosa?

3. Qual foi o seu maior gesto de amor feito até hoje?

RODA DAS 5 EMOÇÕES BÁSICAS DO SER HUMANO

Depois de ter respondido a cada uma das questões anteriores e de ter pensando em como suas emoções estão agindo sobre seu comportamento e sua fisiologia, podemos tornar esse cenário emocional ainda mais claro com essa ferramenta. Atribua uma nota de 0 a 10 para cada uma dessas emoções considerando que 10 significa equilíbrio e controle sobre essa emoção, e 0 significa desequilíbrio e descontrole sobre essa emoção.

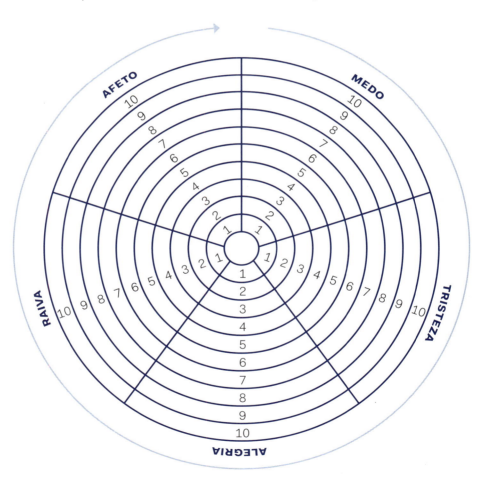

A DISTÂNCIA QUE
VOCÊ TEM DE VOCÊ
É A MESMA
DISTÂNCIA QUE
VOCÊ TEM DO OUTRO.
E A DISTÂNCIA QUE
VOCÊ TEM DO OUTRO
É A MESMA
DISTÂNCIA QUE
VOCÊ TEM DE VOCÊ.

DICAS PARA GERENCIAR EMOÇÕES BÁSICAS NO DIA A DIA

Todos os dias nós lidamos com diversos tipos de emoções básicas no ambiente em que convivemos, seja ao conviver com um chefe nervoso e arrogante, seja ao lidar com clientes irritados ou mesmo ao conviver com colegas mal-humorados, família etc. Com certeza você já deve ter visto ou convivido com pelo menos uma pessoa com as emoções à flor da pele, não é mesmo?

A verdade é que os nossos sentimentos estão presentes em todos os lugares. Seja em nosso ambiente familiar, no relacionamento conjugal, numa rodinha de amigos, em uma reunião com clientes e, principalmente, em nosso local de trabalho.

As emoções fazem parte daquilo que somos e as manifestamos em qualquer ambiente. Quer um exemplo disso? Você com certeza já deve ter se deparado com situações em que esteve extremamente feliz por uma meta atingida, ou pode ter ficado ansioso com um projeto não concluído ou mesmo feliz com uma premiação especial, não é verdade? Em todas as situações, boas ou ruins, demonstramos nossos sentimentos e nossas emoções.

> **Neuroplasticidade:** Embora saibamos que os dois lados do cérebro têm tarefas bem diversas, é importante saber que a Ciência já comprovou que essas partes trabalham juntas e há diversos processamentos feitos simultaneamente em ambas as partes. Há também uma capacidade de partes do cérebro "aprenderem" a tarefa de uma outra parte, quando esta sofre uma lesão, por exemplo. Esse fenômeno de múltipla ativação e conexão total é chamado de neuroplasticidade.

Aqui vão algumas dicas que podem te ajudar a gerenciar suas emoções diariamente e evitar alguns males à sua saúde física e mental:

1. Não permita que suas emoções negativas interfiram em seu dia a dia. O medo, o estresse, a alegria, a ansiedade e tantos outros sentimentos fazem parte do nosso dia a dia

pessoal e profissional, mas é importante não deixar que nenhum deles interfira em sua saúde, seus projetos e sua produtividade

2. Mantenha o equilíbrio quando expressar seus sentimentos, tanto os positivos quanto os negativos.
3. Desenvolva o seu autocontrole e domínio próprio do que sente.
4. Elimine os sentimentos sabotadores que podem prejudicar seus relacionamentos, o seu trabalho e sua carreira profissional.
5. Avalie se as suas emoções têm te acrescentado algo edificante ou atrapalhado os seus rendimentos.
6. Escolha ser uma pessoa equilibrada; faça uma blindagem emocional e não deixe que pessoas negativas afetem seu humor.
7. Fuja das situações de estresse. Quando não houver opção, respire fundo e pense profundamente antes de tomar qualquer atitude.
8. Não aja por impulso.

A DUALIDADE DO SER HUMANO

Todos nós vivenciamos experiências de diálogos internos em nossas rotinas, mas poucos de nós conseguimos entender como isso funciona e por que acontece.

Diversas são as vezes em que percebemos diálogos internos entre uma intuição forte e um pensamento lógico que nos ocorra. Um exemplo disso é quando chegamos a algum lugar, vemos uma pessoa que não conhecemos e, mesmo que ela não nos atraia fisicamente em nada, sentimo-nos impulsionados a falar com ela. É como se uma voz interna (ou um sentimento) nos dissesse "quero conhecer essa pessoa agora!" e, ao mesmo tempo, uma outra voz nos falasse "o que você está fazendo? Essa pessoa não te atrai em nada, você nem a conhece, quem te garante que ela será receptiva com você?".

Esse tipo de conversa interna nos lembra dos desenhos animados, onde temos um anjinho e um diabinho que ficam nos dizendo o que fazer ou não fazer, murmurando conselhos em nossos ouvidos. Acreditem ou não, esse tipo de diálogo interno realmente existe.

O que chamaremos aqui de "diálogo interno" Timothy Gallwey chama de "jogo interior".

Conhecer o diálogo interno entre nossos selfs (nossos "eus"), possibilita-nos mudar nossa percepção do mundo, melhorar nossa performance e aprender cada dia mais.

A Física Quântica descreve a capacidade dos entes físicos subatômicos de se comportarem ou terem propriedades tanto de partículas como de ondas. É a tão conhecida dualidade onda-partícula, também denominada dualidade matéria-energia. Isso nos ensina que a própria estrutura da nossa matéria possui um comportamento dual.

Sabendo disso, não é de admirar que as pessoas tenham uma percepção dual do mundo, uma vez que o próprio mundo, enquanto estrutura física, é um exemplo de reflexo dessa dualidade. Por isso temos conceitos duais, como bem e mal, certo e errado, luz e sombra, entre outros.

Jiddy Krishnamurti, filósofo, escritor e educador indiano, dizia que vivemos aprisionados no beco da dualidade, na armadilha dos opostos e que devemos compreender a dualidade para que possamos transcendê-la. Dizia ainda que, enquanto houver pensador e pensamento, inevitavelmente haverá a dualidade.

Quando compreendermos que pensador e pensamento não existem se não estiverem conectados, o conflito que temos com nossa dualidade cessará.

Um exemplo muito conhecido da manifestação da essência por meio da dualidade é yin-yang.

O yin (lado preenchido) representa o frio, a sombra, o abstrato, o subjetivo, o caos, o feminino.
O yang (lado vazado) representa o calor, a luz, o lógico, o objetivo, a ordem, o masculino.

O que vemos aqui são dois exemplos de opostos que na verdade não são opostos. São duas perspectivas diferentes de uma mesma realidade.

A relação que podemos fazer dessa dualidade do ser humano com o diálogo interno está no fato de que tanto a estrutura da matéria quanto a percepção que temos do mundo são reflexos de uma dualidade.

Sabendo que nosso cérebro reflete essa dualidade por meio do diálogo interno, podemos considerar inevitável admitir que nossa relação com nosso "eu" interior também é dual.

A neurociência comprova que nosso cérebro é dividido em dois hemisférios – hemisfério direito (self 2: yin) e hemisfério esquerdo (self 1: yang) – que trabalham de maneira complementar, processando informações de formas diferentes.

O hemisfério direito está diretamente ligado à intuição, à criatividade e às habilidades artísticas; já o hemisfério esquerdo, está relacionado à lógica, ao detalhe e à organização. O ideal é que sejamos capazes de utilizar esses dois hemisférios de maneira equilibrada.

Aprofundando um pouco mais nas características de cada hemisfério cerebral, podemos afirmar que pessoas que utilizam mais o lado esquerdo do cérebro tendem a ser excessivamente organizadas, perfeccionistas e racionais. Já as pessoas que utilizam mais o lado direito do cérebro tendem a ser excessivamente criativas, emotivas, intuitivas e sonhadoras.

Com a superficialidade das relações humanas, a perda do hábito da leitura, o pouco interesse pelas artes e pela contemplação da natureza fizeram com que a maioria das pessoas passasse a usar mais o lado esquerdo do cérebro. Essa predominância, quando muito acentuada, acaba causando um desequilíbrio em diversas áreas da vida.

Tudo na natureza está ligado ao equilíbrio, à busca pela harmonia e, por essa razão, utilizar os dois hemisférios do cérebro permite-nos encontrar o ponto de equilíbrio entre o que é lógico e o que é intuitivo.

No que se refere aos selfs, podemos afirmar ainda que no self 1 (hemisfério esquerdo) estão contidas ainda as manifestações do ego, por exemplo: o "eu" julgador, o "eu" crítico", o "eu" racional, o "eu" cognitivo e o "eu" diretivo – no comando.

Por outro lado, o self 2 (hemisfério direito) está mais ligado à mente inconsciente, transcende a cognição, é mais emocional e funciona sempre no tempo presente. É o ser humano por si mesmo, e traz consigo todos os nossos talentos.

Quanto menor for a interferência do self 1, maior será a possibilidade do self 2 de se expressar e utilizar seu potencial.

No livro *The inner game of tennis* (O jogo interior de tênis), Timothy Gallwey relata que, ao ensinar um grupo de alunos a jogar tênis, percebeu que quanto mais tentava controlar a técnica utilizada pelo aluno para bater a raquete na bolinha e acertar a jogada, mais o aluno focava o aprendizado no self 1, no controle e na lógica, ou seja, o self 2, a maneira mais natural de o aluno bater na bolinha, acabava sendo sufocado, reprimido.

O self 1 é muito crítico e pode gerar um estado emocional de frustração. Já o self 2 tem como foco o potencial natural de cada pessoa, portanto, não compromete as habilidades naturais de cada um.

Timothy Gallwey afirma que, quando confiamos no self 2, a primeira sensação que temos é a de que perdemos o controle; mas, na verdade, o que acontece é que, quando deixamos de lado o self 1, estamos aumentando a nossa capacidade de controle.

Um excelente exemplo disso foram os alunos que, durante as aulas, ao deixarem o self 2 assumir o controle, tiveram muito mais facilidade em aprender a jogar tênis.

Podemos dizer então que o melhor caminho para a mudança recai sobre a aceitação das coisas como elas são, suspendendo julgamentos. E como fazemos isso? Como podemos escutar nosso self 2 e liberar nosso potencial?

Na experiência do jogo de tênis, Timothy percebeu que, enquanto o aluno deixava seu self 1 observando a trajetória da bolinha, o self 2 assumia o papel de consciência não julgadora e, consequentemente, o aluno melhorava seu desempenho.

Todos temos diálogos internos diários em nossas vidas e, na maioria das vezes, acabamos deixando nosso self 1 reprimir e sufocar nosso self 2.

Devemos sempre nos lembrar que o self 1 é nosso lado crítico, e, muitas vezes, está direcionado para os problemas. Já o self 2 é mais direcionado para a solução natural de problemas e para o potencial criativo de cada indivíduo.

Quando algo der errado em nossas vidas, o melhor a fazer é não dar atenção ao erro, mas sim permitir ao nosso self 2 encontrar e nos mostrar qual é a melhor solução natural para aquela situação.

Com foco, dedicação e prática podemos transformar essa conversa dual dos selfs em uma só voz, capaz de manter nossos hemisférios cerebrais e suas frequências equilibradas, unificando nossa capacidade de percepção e neutralizando, assim, a dualidade que todo ser humano possui dentro de si.

DIÁLOGO INTERNO EM TRÊS ESFERAS

O diálogo interno é realizado por meio da conexão entre o "si mesmo" e o "eu" com o objetivo de autorregular nossa psique e, consequentemente, nossas ações. Esse funcionamento pode ser consciente ou não. Mas fato é que a autorregulação promove a relação extrínseca a partir do movimento dinâmico e contínuo.

Nossos diálogos internos partem de um "ambiente primário" que é nossa mente, nosso "eu" constituído pelos nossos selfs. Usamos os nossos recursos internos para fazer nossos julgamentos de valor, nosso senso de justiça, nosso senso de equilíbrio. Somos diferentes uns dos outros porque nosso diálogo interno produz reflexões únicas – tanto para nosso bem quanto para nosso mal, pois também podemos ser muito autodestrutivos quando nosso diálogo interno tende a enfatizar nossas sombras e falhas.

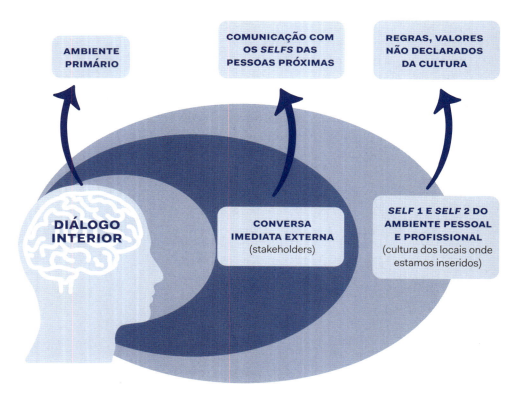

Nosso diálogo interno também considera outras duas áreas: as pessoas à nossa volta com as quais interagimos mais diretamente e o ambiente em que convivemos. As pessoas também têm seus selfs e somos expostos à subjetividade de cada uma. Somado a isso, também somos inconscientemente regidos por uma espécie de "self" dos ambientes.

Perceba, por exemplo, que diante de algumas pessoas mais formais temos a tendência a agir de maneira mais formal. Isso acontece inconscientemente, porque nossa mente se vê em contato com o self de uma outra pessoa, e uma comunicação se estabelece automaticamente.

A mesma coisa acontece quando entramos em um ambiente. Sempre que vamos a um lugar novo, a tendência é nos retrairmos e andarmos devagar, observando cada canto. Nossa mente faz isso até ela compreender como devemos agir nesse ambiente. Imagine-se entrando, pela primeira vez, na casa de uma pessoa que você não conhece. Ou, então, imagine-se entrando em uma audiência no tribunal de justiça, diante de um juiz e de promotores.

Nosso diálogo interno, então, é essa forma extraordinariamente complexa que temos de fazer a partir de nós mesmos e nossos recursos internos, relacionando-nos com os outros e o ambiente.

Os protagonistas desse diálogo interno são nossos selfs:

Self 1
Eu julgador
Eu cognitivo, radical
Eu crítico
Eu diretivo no comando
Eu gerador de interferências

Self 2
É o ser humano por si mesmo
Mente inconsciente em sua forma natural
Ele traz consigo todo o potencial que nos foi fornecido
Os potenciais conhecidos e os ainda por se desenvolver

Mente crítica

Nosso diálogo interno produz o que chamamos de "mente crítica". Essa mente crítica é o nosso julgador pessoal. É nossa forma de construir nossa autoestima e também nossa autoconfiança.

Autoconfiança é a capacidade que a pessoa adquire de acreditar e ser capaz de fazer e/ou realizar alguma coisa. Serenidade e tranquilidade são características de uma pessoa autoconfiante, pois se mantém em equilíbrio mesmo quando passa por um momento de pressão e possui um forte senso de convicção sobre a sua capacidade de realização.

Durante a trajetória de vida, as pessoas se deparam com várias dificuldades e oportunidades. Em ambas as situações o nível de autoconfiança dessas pessoas é colocado em xeque e, muitas vezes, elas duvidam da própria capacidade de gerar mudanças.

Todos os movimentos que acontecem na vida das pessoas são resultantes de suas decisões e atitudes, advindos da forma de enxergar o mundo. Essa visão é totalmente moldada pela maneira com que cada um olha para o próprio "eu".

Partindo desse pressuposto, o que você enxerga dentro de si reflete diretamente naquilo que está fora, pois a realidade é apenas uma interpretação particular, diretamente influenciada por meio das diversas experiências vívidas pelo indivíduo.

O pior crítico que alguém pode encontrar em sua vida está dentro de si mesmo, em sua própria mente. A forma como você conversa com você mesmo influenciará diretamente seu estado emocional. O que você fala para si mesmo ao cometer um erro? Aprende com o erro, ele se torna uma experiência, ou simplesmente você fica se condenando o tempo todo?

Convido você agora a pensar em algum momento em sua vida, em alguma situação real, em que você cometeu um grande erro. O que você falou para si mesmo naquele momento? De que maneira você falou? Bruto, zangado, agressivo, resignado, sarcástico? Se a sua voz interior foi uma voz crítica, a ponto de te deixar pior do que o momento em que cometeu o erro, experimente fazer o exercício abaixo:

Mente crítica

1. Pare por um momento e fale consigo mesmo, com sua voz crítica, dizendo todas as coisas desagradáveis daquele momento, no mesmo tom de voz nada acolhedor.
2. Agora perceba de onde vem essa voz. É uma voz que vem da sua mente ou é do ambiente onde você estava?
3. Estenda o braço e levante o polegar.
4. Onde quer que a voz crítica esteja, faça-a percorrer seu braço até a ponta do polegar, para que ela fale com você dessa posição.
5. Em seguida, desacelere-a e mude o seu tom. Faça-a soar serena, ou acelere-a para que soe como uma voz abafada como a do Scooby-Doo. Ela soa muito menos ameaçadora, certo?

Saiba que mudar a voz em sua mente é muito importante, porém é importante estar atento à intenção da voz crítica, que pode ser positiva também.

A intenção positiva da voz crítica, por exemplo, poderá ajudá-lo a evitar que novos erros semelhantes sejam cometidos novamente. Isso o levará a aprimorar a sua maneira de agir para que a crítica seja útil, ou seja, construtiva. Por exemplo:

1. Imagine que você esteja ensinando uma criança a realizar uma atividade da escola primária. Se você alterar o seu tom de voz, por exemplo, gritando com essa criança ou a criticando com veemência cada vez que ela não acertar o exercício, ela ficará insegura e não terá confiança no que está fazendo.
2. Agora faça o contrário. Imagine você ensinando essa mesma criança e, cada vez que ela cometer um erro, você usa um tom de voz encorajador, acolhedor, mostrando para ela os detalhes a que ela deve prestar mais atenção, ou talvez orientando-a como fazer da forma correta. Com certeza, essa forma gerará mais resultados positivos que a primeira.

Experimente agir assim consigo mesmo por meio desse exercício:

Atuando sobre a mente crítica

1. Lembre-se de um momento em que cometeu um erro grave. Como você se criticou? O que você disse exatamente para si mesmo?
2. Agora pergunte a si mesmo: "Como seria essa mensagem se ela fosse encorajadora?
3. Respire fundo e volte para o seu interior, para o momento em que cometeu o erro. Repita para si mesmo essa mesma mensagem de uma forma construtiva.

Torne o seu crítico interior um hábito construtivo. Pratique o exercício acima nos próximos dias, prestando bastante atenção em como você fala consigo mesmo. Brinque com a sua forma de falar, com o seu tom de voz e com o que diz até sentir-se melhor. Lembre-se sempre: é você quem está no comando da sua mente!

A FORMA COMO VOCÊ SE VÊ INFLUENCIA A FORMA **COMO O MUNDO TE VÊ**. UMA AUTOIMAGEM POSITIVA TE CONDUZ AO SUCESSO; UMA AUTOIMAGEM NEGATIVA **TE IMPEDE DE ALCANÇÁ-LO**.

COMO SENTIR O QUE QUISER, QUANDO QUISER

Ter o controle do seu estado emocional no instante em que precisar é maravilhoso, principalmente em situações que exijam muito dos nossos sentimentos. Entretanto, para que isso aconteça é preciso treino, ou seja, criarmos o hábito de equilibrar nossas emoções diariamente. Um atleta olímpico, por exemplo, não treina vários anos para simplesmente ganhar a competição. Ele treina para vencer. E assim devemos ser também, para que estejamos o tempo todo no comando de nossas emoções.

Atentar-se à qualidade dos pensamentos faz parte desse comando, conforme ilustramos anteriormente. Isso também é necessário para que você consiga conduzir as situações diversas existentes no cotidiano, de maneira favorável para o crescimento pessoal e profissional, além de ser o princípio da autoconfiança, principal competência emocional para a conquista do sucesso em todas as áreas da vida.

Autoconfiança de nada vale se não houver competência. Além da inteligência emocional, é preciso ter conhecimento sobre aquilo que está sendo feito ou será feito por alguém. Por isso, preparar-se é essencial.

Para conquistar a autoconfiança é necessário ter: crenças positivas, autoconhecimento, preparação, atitude e iniciativa, honrar e respeitar a própria singularidade.

Nos dois exercícios a seguir, você poderá aumentar a sua autoconfiança em qualquer situação. Você pode voltar a esses exercícios quantas vezes precisar. São dois roteiros de indução leve, para você não apenas relaxar, como também estimular seu diálogo interno de forma benéfica e edificante. Vamos praticar?

IMPULSIONANDO A AUTOCONFIANÇA

1. Mantenha-se em uma posição confortável e relaxante, com a cabeça erguida, a coluna e os ombros retos. Imagine que um fio dourado corra verticalmente através de sua coluna na direção do céu e que ele o sustente. Relaxe, sentindo-se seguro, apoiado nesse fio. Essa postura relaxada e ereta é a posição natural da confiança, e ela logo será tão natural para você quanto sua respiração.
2. Agora lembre-se de um momento em que se sentiu totalmente confiante. Retorne a esse instante, vendo o que viu, ouvindo o que ouviu e sentindo-se bem como naquela hora. Se não conseguir se lembrar de um momento específico, imagine como a sua vida seria melhor se você fosse totalmente confiante e seguro – se tivesse todo o poder, a força e a autoconfiança de que pudesse precisar.
3. Nesse momento, convido você a tornar as cores mais fortes e intensas, os sons mais altos, e permita que sua autoconfiança também seja mais intensa.
4. Perceba onde essa sensação de confiança é mais forte em seu corpo. Dê uma cor a esse sentimento e faça com que ela suba até o topo de sua cabeça e desça até a ponta de seus dedos do pé. Duplique a sua iluminação. Duplique-a outra vez!
5. Repita os passos de 2 a 4 pelo menos mais cinco vezes. Imagine vivamente em detalhes aquele evento em que se sentiu confiante. Você pode usar a mesma experiência ou incluir outras a cada repetição.

Após ter aprendido a "impulsionar" a sua autoconfiança, aprenda agora a criar um "ativador" que lhe permita acionar sentimentos positivos sempre que precisar sentir um forte estado emocional positivo, se sentindo mais seguro, confiante e capaz.

ATIVANDO A AUTOCONFIANÇA

1. Pense em um momento em que se sentiu verdadeiramente confiante e seguro. Vá agora, mentalmente, a esse momento e veja o que viu, ouça o que ouviu e sinta de novo a mesma sensação de bem-estar e alívio. Se não conseguir se lembrar de um momento específico, imagine como a sua vida seria melhor se você fosse totalmente confiante, seguro de si, se tivesse todo o poder e autoridade, a força e a autoconfiança de que precisasse.
2. Enquanto vai se lembrando, deixe as cores mais reluzentes e intensas, amplifique os sons mais altos e deixe os sentimentos mais fortes;
3. À medida que for vivenciando e sentindo de novo esses sentimentos positivos, aperte o polegar contra o dedo médio de qualquer uma das mãos;
4. Agora aperte esses dois dedos um contra o outro e reviva aquele sentimento positivo, de bem-estar, de alívio;
5. Repita os passos de 1 a 4 várias vezes, com diferentes lembranças positivas, até que o simples apertar dos dedos comece a trazer de volta aqueles sentimentos positivos;
6. Ainda apertando um dedo contra o outro, pense em uma situação em que você quer se sentir mais confiante. Essa situação pode ser no seu trabalho, na sua vida pessoal, nos seus relacionamentos, onde você precisar se sentir mais seguro e dono de si. Imagine tudo sendo feito com perfeição, exatamente como você imagina. Veja o que você vai ver, ouça o que vai ouvir e sinta o que precisa sentir – o que é bom.

Para se manter com a mente sempre confiante, pratique esses exercícios sempre que precisar. Revendo seus cenários na sua imaginação, você se sentirá mais seguro no seu mundo real.

A IMPORTÂNCIA DO CARISMA

Existem pessoas que atraem pessoas e todos nós conhecemos pessoas assim. Normalmente são pessoas que possuem muitos amigos, são de fácil convivência e de quem as pessoas gostam de estar perto. Elas possuem uma energia positiva, diferente. Aonde chegam, normalmente, têm o poder de iluminar, de encantar, de atrair. Essa qualidade normalmente denominamos carisma e está diretamente ligada à forma de se relacionar.

Manter um bom relacionamento é essencial em qualquer ambiente e o carisma é fundamental para estabelecer uma boa convivência e fortalecer os relacionamentos interpessoais. A falta de cordialidade ou de respeito, por outro lado, cria barreiras que impedem a construção de vínculos positivos de crescimento mútuo.

Assim, qualquer que seja o ambiente em que estiver, é fundamental ser sempre a melhor pessoa que puder, se colocar no lugar do próximo, acreditar que as mudanças começam de dentro para fora e plantar atitudes positivas.

Vale destacar que, quando as pessoas se sentem em harmonia em seus relacionamentos interpessoais e seguras para expor suas ideias, sua performance também melhora. Pessoas carismáticas sentem-se à vontade consigo mesmas, são autoconfiantes e não manipulam – elas são o que são, possuem uma autoimagem positiva e não buscam aprovação dos outros para se sentirem bem e, com isso, inconscientemente atraem.

Para aumentar o seu poder de carisma e atração, convido você a praticar duas técnicas poderosas. Elas o ajudarão a aumentar sua autoapreciação, seu amor-próprio e sua paz interior. Você faz ideia de quantas pessoas olham para você com respeito e admiração, mesmo que muitas vezes não falem ou demonstrem? Perceber-se e aprender a se olhar com olhos de amor são os principais norteadores para você se tornar uma pessoa mais atraente.

OLHANDO-SE COM OLHOS DE AMOR

1. Feche seus olhos e mentalize alguém que o ame, que o aprecie ou que goste muito de você. Perceba a aparência dessa pessoa, seu olhar, sua forma de falar, seus gestos. Pense que ela está na sua frente nesse momento.
2. Agora, coloque-se no lugar dessa pessoa, como se você fosse ela. Veja você através dos olhos dela, ouça com os ouvidos dela e sinta seu amor e seus bons sentimentos por você. Observe com detalhes quais são as suas principais características, as que ela mais aprecia em você, as qualidades maravilhosas que talvez você não tenha valorizado em si mesmo até agora.
3. Depois de ver você através dos olhos dessa pessoa, volte para o seu corpo. Respire fundo, ainda de olhos fechados, e pare por um momento desfrutando desses bons sentimentos de forma mais consciente do quanto é valorizado e amado exatamente pelo que você é.

Convido você a usar essa técnica diariamente. Comece a se olhar mais no espelho. Elogie-se. Aceite elogios. Aprecie suas qualidades de maneira mais completa, isso o ajudará a fortalecer a sua autoestima também. E não se surpreenda ao perceber o quanto se tornou carismático, confiante e atraente naturalmente.

VALORIZANDO SEUS PONTOS FORTES

1. Fique de pé, diante do espelho e feche os seus olhos. Lembre-se de um momento específico em que recebeu um elogio de alguém que respeita, considera muito; alguém em quem confia.
2. Relembre o que você ouviu, sentiu e viu nesse momento em detalhes. Ao se lembrar do elogio e da sinceridade da pessoa que o fez, preste bastante atenção em suas emoções e sentimentos de confiança por essa pessoa.

3. Quando esses sentimentos estiverem mais fortes, abra os olhos e observe-se no espelho. Com os olhos da pessoa que fez o elogio a você, permita-se enxergar o que ela viu e preste atenção, novamente, em como você se sente.
4. Quando estiver se sentindo verdadeiramente satisfeito consigo mesmo, mais confiante, aperte o polegar contra o dedo médio. Permita que essa sensação de amor e respeito por si mesmo se misture às sensações de confiança que já estão ali.

VENCENDO A NEGATIVIDADE

Lidar com a negatividade diária é um grande desafio. É comum algumas pessoas focarem no negativo, ou seja, pensar que tudo vai dar errado, que todas as pessoas diferentes delas são ruins e que o mundo está realmente contra sua felicidade – e esses são verdadeiros convites à autodestruição. Portanto, para os indivíduos com esse perfil, o copo está sempre meio vazio, o tempo sempre fechado, pois o seu pensamento é sempre povoado de ideias negativas sobre tudo.

Mas é a frequência com que esses pensamentos negativos ocorrem e se repetem que gerará um padrão de negatividade e pessimismo, e estes, por sua vez, estarão impregnados no que falamos e em nossas atitudes e comportamentos. Para quebrar esse padrão que se torna um ciclo vicioso, precisamos nos observar e até mesmo estimular o pensamento positivo.

Uma forma de manter os pensamentos no positivo é vencendo a negatividade. Vencer a negatividade pode se tornar uma prática diária, um hábito, sempre que for preciso para alcançar o otimismo e a felicidade.

Vencendo a negatividade em sete passos
1. O que faz você se sentir mal?
2. De tudo isso que o faz se sentir mal, o que você vê, o que você escuta, quais palavras lhe vêm à mente?
2.1. As imagens que você vê são coloridas ou em preto e branco?

2.2. Onde essa imagem está localizada? À sua direita? À sua esquerda? Acima? Abaixo? À sua frente?

2.3. É grande ou pequena?

2.4. É um filme ou uma imagem parada?

2.5. É densa ou transparente?

2.6. Há algum som junto à imagem? Que som é esse?

Lembre-se: ter consciência de suas emoções permitirá a você saber quais sinais elas estão emitindo a tudo que está relacionado à sua volta. Os sentimentos gerados no seu corpo estão diretamente relacionados à forma como você pensa, ao que você vê, escuta e ao que você diz a si mesmo em sua mente.

3. Preste atenção à mensagem ou intenção positiva de suas emoções e sentimentos. As emoções negativas são emitidas como sinais enviados por sua mente e seu corpo. São alertas para que você saiba que algo está acontecendo. Exemplo: sinto-me com uma ansiedade que me deixa aflito, então, paro e observo, e o que me vem à mente é uma situação que preciso resolver em um encontro com um novo cliente. Minha mente está tentando me alertar para situações que podem dar errado nesse encontro, assegurando-se de que eu esteja bem preparado.

4. Comece a agir de acordo com a mensagem recebida. Com base no exemplo anterior, eu faço uma lista de todos os possíveis problemas e tudo que posso fazer para evitar cada um deles, com providências imediatas ao menos em relação ao mais impactante.

5. Desligue-se da emoção negativa. Nesse momento, desligue seus alertas mentais, assim como se desliga um telefone ou um detector de fumaça. Você pode fazer isso extraindo toda a cor da imagem. Diminua essa imagem até que fique muito pequena, do tamanho de uma moeda de cinco centavos. E afaste-a de você. Se

você voltar a vê-la em sua mente, é porque existe algo em que você precisa prestar atenção; portanto, descubra o que é e volte a aplicar essa técnica para desligá-la.

6. Programe-se para alcançar o futuro que deseja.
Agora que você já fez todos os passos anteriores, imagine todos os eventos que você deseja que aconteça:
6.1. Como seria sua vida ideal?
6.2. Como você gostaria que fosse?
6.3. O que você gostaria de ter e fazer?

7. Nesse exemplo, crie um filme bem claro e nítido do encontro desenrolando-se com perfeição e fique observando tudo até chegar a um final feliz.

EU PO

TRANSI

SO ME

ORMAR

MINDSET: GERANDO UMA NOVA MENTALIDADE

Podemos descrever Mindset como a mentalidade que cada um de nós tem em relação à vida. O conjunto de atitudes mentais influencia diretamente nossos comportamentos e pensamentos e é decisivo para alcançarmos sucesso ou não. Nesse sentido, segundo Carol S. Dweck, professora de Psicologia da Universidade de Stanford, nos Estados Unidos, nosso Mindset explica e, muito, o nosso modo otimista ou pessimista de ver a vida e se portar diante dela. Para Carol, existem dois tipos de mentalidades distintas: a fixa e a progressiva, e elas definem bem os dois tipos de perfis.

A atividade mental fixa é aquela que faz com que os indivíduos acreditem que, se não nascem com determinadas capacidades e dons, naturalmente, também não poderão desenvolvê-las ao longo de sua existência. Essas pessoas, tanto em âmbito profissional como pessoal, tendem a ter mais pensamentos negativos e a ficar estagnadas e desmotivadas, pois não acreditam em si mesmas.

Por outro lado, as pessoas com mentalidade progressiva acreditam que seus talentos e suas habilidades podem, sim, ser desenvolvidos, se forem pacientes, focados e dedicados a isso. Profissionais com esse perfil são aqueles que estão destinados ao sucesso, pois buscam incessantemente vencer suas limitações e aprimorar seus conhecimentos.

Não seria a hora de ressignificar seu Mindset, eliminar o que te sabota e reforçar sentimentos, ações e comportamentos mais positivos? Sabemos que sim! Use sua inteligência para procurar outros enfoques, os que sabe que são melhores para você, e não deixe nunca que crenças o limitem, boicotem seus resultados e o impeçam de realizar seus sonhos.

No momento em que nos deparamos com potenciais dificuldades e, ao invés de nos desesperarmos, adotarmos uma postura positiva em relação àquele suposto impedimento, somos capazes de nos perguntar: "O que eu posso aprender com essa situação?". Existem múltiplas realidades, dependendo do ponto de vista do observador. Um divórcio, a demissão de um cargo importante, ou a perda de um amigo são tipos de incidentes que podem ser vistos como desastres ou como uma libertação.

Desse modo, temos a opção de ressignificar nossos problemas, vendo-os como oportunidades de reinvenção de nós mesmos, como bênçãos. O início da ressignificação interliga dois momentos, pois está entre a consciência da crença negativa e a substituição por uma positiva.

Por exemplo: Quando você sentir dificuldade em mudar seus atos, faça uma espécie de treino de faz de conta. Pergunte a si mesmo: "Como alguém já competente faria isso? Como ele (a) agiria?". E, em seguida, simule o fato adotando a nova postura. Você não estará mentindo para você mesmo, mas antecipando a ação de forma a te favorecer. Com uma nova atitude em mente, a probabilidade de sucesso será maior.

CRIANDO UMA PERSPECTIVA POSITIVA

"Não existe mau tempo – apenas roupas inadequadas."
Billy Connoly

Quando se fala em poder da mente positiva, a maioria das pessoas pensa apenas na ideia superficial dos benefícios de adotar uma postura otimista e simpática. Entretanto, pesquisas na área da Psicologia Positiva têm demonstrado que o pensamento positivo pode ajudar a criar e desenvolver habilidades, além de melhorar a qualidade de vida, a saúde e o desempenho profissional.

De acordo com trabalho publicado por Barbara Fredrickson, pesquisadora da Universidade da Carolina do Norte, cultivar pensamentos negativos faz com que o cérebro se feche ao mundo exterior, focando no estresse, medo, raiva, e impedindo pensamentos construtivos. Os pensamentos positivos, por sua vez, possibilitam que o indivíduo enxergue melhor as possibilidades, aprendendo com os problemas e adquirindo habilidades que servirão para toda a vida.

Ao adotar uma perspectiva otimista, passamos a viver mais emoções positivas e assimilar mais conhecimento dos eventos experimentados. Esse é um tipo de conhecimento que será utilizado pelo restante da vida.

Conheça, a seguir, algumas maneiras de adotar o pensamento positivo no seu dia a dia:

Converse com você mesmo: Alimentar um diálogo interno é o que muitas pessoas de sucesso fazem todos os dias para seguirem motivadas e focadas em seus objetivos. Dizer a você mesmo que é capaz, que está trabalhando e que vai alcançar aquilo que anseia pode lhe ajudar a realmente fazê-lo.

Alimente sua mente com pensamentos positivos: Desenvolva a capacidade de extrair algum ensinamento de todas as experiências, sempre as considerando por um ponto de vista positivo – inclusive aquelas que parecem um infortúnio. Assim, você evolui constantemente e desenvolve uma personalidade positiva, sendo capaz de influenciar as pessoas, além de ser mais persuasivo, confiante e com autoestima elevada.

Identifique e anote coisas boas: Sempre tome nota de um grande momento que você vivenciou ou que percebeu ter ocorrido à sua volta. Logo você perceberá uma grande mudança em sua percepção dos eventos cotidianos, passando a enxergar a vida com mais ânimo e felicidade.

Comprometa-se com o divertimento: É fundamental que o lazer não seja apenas um coadjuvante que raramente entra em cena em sua vida. Ele deve fazer parte do seu cotidiano, trazendo alegria e positividade ao dia a dia.

Viu que dicas poderosas? Em seu cotidiano experimente transformar-se, depois transforme seus pensamentos e seus atos e tenha uma mente realmente positiva. O otimismo pode ser aprendido mesmo por pessoas que alimentaram por muito tempo pensamentos negativos e se permitiram ressignificar. Aproveite; leia e releia essas dicas e coloque-as em prática e seja mais positivo e feliz!

PMP – PROGRAMAÇÃO MENTAL POSITIVA

Nosso pensamento cria realidades, ou seja, ele não é tão abstrato quanto aparenta ser. As afirmações que verbalizamos cotidianamente são comparadas a sementes lançadas na terra: quanto mais você escolher verbalizar afirmações que proporcionam bem-estar, mais rapidamente as afirmações produzirão efeitos. Digo, "quanto mais você escolher", porque, de fato, as verbalizações são escolhas. O pensamento nem sempre.

O pensamento acontece por um ativador mental que é desencadeado devido a algum estímulo externo (ou mesmo interno) e não temos, de início, controle sobre ele, mas com a prática ele também se torna automático – vide os que praticam meditação ou outra forma de contemplação e de conexão com o Universo.

Então, se o pensamento nem sempre é uma escolha, nossa fala é! Podemos pensar sobre ela, raciociná-la e, só então, produzir as palavras que deixaremos fluir pelo cosmos. Compreenda isto: nossas afirmações são uma escolha. É você que decide se vai dizer "estou péssimo" ou "estou ótimo".

Estar atento sobre nossos pensamentos e o que verbalizamos é um exercício do dia a dia. Não há mágica, há um esforço no sentido de querermos produzir uma realidade diferente, melhor a cada dia. Essa realidade diz respeito principalmente ao nosso bem-estar.

As palavras têm poder

É a famosa máxima da sabedoria popular: as palavras têm poder! Eu sempre acredito nos mais velhos. Eles cresceram em uma época menos afetada pelo consumismo, pela tecnologia, pela vida conturbada das empresas, pela pressão competitiva, uma época com menos concreto e relações humanas mais próximas e afetivas, em que um vizinho ia até a casa do outro no fim da tarde, em vez de lhe mandar um WhatsApp. Os mais velhos conversavam, e conheciam histórias maravilhosas; a tradição oral é a base para muitas verdades que precisam, hoje, de comprovação científica.

O próprio Sigmund Freud disse que "as palavras eram originalmente magia e até hoje elas mantêm muito de seu poder mágico". Mas por que as palavras têm poder? Porque nossa linguagem está vinculada não só com o processamento linguístico do nosso cérebro, mas com a realidade social em que ela é moldada e em que interfere diretamente, pelo que chamamos de dimensão performativa da linguagem, a partir de um ato de fala. A linguagem nessa perspectiva passa a não apenas informar ou registrar ideias, mas a realizar coisas e até mudar a estrutura do nosso cérebro.

Veja, por exemplo, uma criança que, para não ir a um lugar escuro, recebe a seguinte informação: "não vá até lá que o bicho te pega". Essa afirmação cria no sujeito uma série de sensações que serão limitantes de sua atuação no mundo. Elas realizam o ato de repreensão e geram um comportamento. O mesmo quando alguém diz "eu volto hoje", essa frase tem uma ligação entre a linguagem e uma ação concreta, que, se não for realizada, gerará uma segunda ação, nesse caso, é a própria pessoa predizendo seu comportamento.

Dessa forma, se eu digo "nada dá certo na minha vida afetiva" eu instauro uma verdade no mundo. O pensamento foi construído, eu verbalizei, meu cérebro ouviu – ativando outro sentido – e registrou essa informação como sendo verdadeira. As afirmações são igualmente eficazes, tanto as negativas quanto as positivas.

Fazer afirmações é escolher conscientemente ter certos pensamentos que serão responsáveis por gerar resultados positivos no futuro. Todo pensamento é importante, pois cada pensamento é gerador de uma força da qual só conhecemos uma centelha.

Muitos manuais de Programação Neurolinguística (PNL) e mesmo a Psicologia Positiva concordam que devemos sempre utilizar o tempo presente e a forma positiva, por exemplo: "vivo doente" trocado por "nunca adoeço", "nada dá certo" por "tudo está indo muito bem". Não, não se trata de mentir para si mesmo! É apenas uma forma consciente de utilizar o pensamento e a linguagem para interferir na realidade.

O poder da sugestão

Uma das poucas certezas que podemos ter na vida é bastante clara para qualquer um que já tenha tirado ao menos um minuto para pensar na própria existência: não nascemos prontos. Dia após dia somos brindados com novos conhecimentos, novas descobertas e formas de enxergar o mundo. Isso só reforça a convicção de que somos criaturas sedentas de novos aprendizados e não há maneira melhor de nos mantermos ligados à vida senão por meio das mudanças e descobertas que nos potencializam e nos tornam melhores.

Se for assim, a cada momento ou etapa de nossa existência, não poderia ser diferente quando se trata de dar lugar àquela que talvez seja justamente a instância mais complexa que temos: nossa mente.

A sugestão entra em campo pavimentando o caminho que desejamos alcançar, nos dá suporte necessário para chegar ao estado desejado.

Nesse terreno, a força da sugestão se dá principalmente pelas palavras, mas não somente por elas. Todos os gestos, postura corporal e a própria disposição do ambiente podem nos influenciar. Frases de estímulo com um componente apaziguador e que transmitam leveza e segurança sugerem a este o estado ao qual esperamos chegar.

As informações mais importantes a serem passadas, com estratégia subliminar, têm uma repercussão que vai além do nível consciente por parte de quem as assimila. No ato de sugerir há uma intenção velada, um objetivo não muito claro que visa dar coordenadas a quem transmitimos aquela informação. Quando se sugere algo, é como se a informação fosse passada de maneira um pouco nebulosa, sem dizer de modo peremptório, ou seja, deixando que a mensagem fique nas entrelinhas.

A peculiaridade das sugestões é que elas têm o poder de fazer com que algo grude feito chiclete na nossa cabeça, o que não só nos impede de esquecer aquilo, bem como nos condiciona a executar tal atitude que nos foi sugerida.

Não é de hoje inclusive que a Ciência descobriu o Poder da Sugestão. Diversos estudos da Psicologia e da Neurologia se debruçam sobre o tema. E não é exagero dizer que o surgimento da própria Neurolinguística se deu sobre essa base. O que fica claro em todas as investigações científicas é que somos seres pensantes e temos o aprendizado como característica. O que dizer então do nosso órgão fundamental pelo qual toda aprendizagem passa, o cérebro? Na resposta a essa pergunta, torna-se fundamental constatar o óbvio: nosso cérebro é também altamente programável.

A força da sugestão pode ser usada para programar nossas ações, inclusive nos aspectos fisiológicos, já que o subconsciente controla todos os mecanismos do nosso corpo. Está claro que os limites da sugestão vão muito além daqueles que normalmente atribuímos à nossa mente, irradiando-se por esta e na interferência à realidade que nos circunda. Emile Coué foi um entusiasta dessa ideia, desenvolvendo uma teoria que visava compreender a maneira pela qual as sugestões repercutiam nos indivíduos. Ele foi um importante divulgador da hipnoterapia, sublinhando o papel das sugestões em um processo de condução ao transe.

Na transição entre o século XIX e o século XX, Coué preconizou que o resultado desejado deveria ser sugerido a fim de que nosso inconsciente buscasse por si só alcançar aquele patamar. O psicólogo acreditou ainda que a repetição de palavras ou imagens, por diversas vezes, surtiria no subconsciente o efeito de absorvê-las, contribuindo para o desenvolvimento de uma consciência autossugestiva. Seu trabalho é constituido de três princípios básicos:

1. Lei da Atenção Concentrada (ou Lei da Ação Concentrada)
Qualquer ideia que temos em mente está se tornando uma realidade no reino das possibilidades. Assim, a ideia da cura pode produzir cura. Ou, psicologicamente falando, considerar uma coisa fácil de alcançar, de forma eficaz, facilita a realização.

A sugestão tem um poder que transcende o de uma mera associação de ideias. Ao pensar, mentalizar, sugerir algo, podemos dizer que um mínimo esforço para a concretização daquele pensamento começa a acontecer. Isso por si só não transforma o pensamento em realidade, mas a sugestão já começa por delinear um contexto para que aquilo se materialize.

Quando dizemos algo para nós mesmos, por mais que seja um comando longe de ser real, de alguma maneira estamos começando a trabalhar para que o que quer que seja tome forma. Ao reforçar aquela ideia, você dá um passo adiante, acrescenta uma força a mais para que determinado pensamento se concretize. Qualquer *coach* sabe que nossas realizações não brotam da terra, e que, portanto, é necessário suar muito a camisa para ver os resultados que tanto desejamos. Mas *coach* e *coachee* também sabem que fatos, acontecimentos e empreendimentos humanos não surgem do nada. Muito antes de se tornarem realidade palpável, concreta, foi preciso que alguém os pensasse ou os idealizasse. Por isso, a sugestão é o início de uma caminhada.

Coué discorreu, com sua primeira lei, que esse pontapé é imprescindível, fundamental para que algo se mova e todo o processo posterior seja desencadeado.

Nenhum de nós é uma ilha isolada dos outros semelhantes ou dos elementos gerais que povoam a vida. No somatório de forças do Universo, somos uma luz adicional que, por sua vez, é influenciada pelas demais fontes de luz e calor existentes. Nossas ações repercutem ao redor, influenciando para melhor tudo que capta nosso exemplo. Por isso, Coué afirmava com convicção que, quando uma ideia é trabalhada em nossa mente como algo realizável, já estamos trabalhando a realidade para que a ideia se materialize de fato.

O foco de Coué era auxiliar na melhoria dos problemas de saúde, capacitando os pacientes para que promovessem a própria cura. Com a sugestão, eles não se tornariam mais imunes ao mal que os afligia, bem como passariam a atuar como agentes de suas próprias curas.

2. Lei da Ação Reversa (ou Lei do Esforço Reverso)

Por essa lei, Coué enfatizou que, quando tentamos alcançar unicamente de maneira consciente, tendemos a sofrer as consequências do efeito reverso. Assim, agindo tão somente de modo consciente aumentamos consideravelmente as chances de darmos com os burros n'água.

Insistir ferozmente em uma ideia, segundo essa visão, pode ser um atalho para que justamente reforcemos o seu inverso, do qual queremos nos livrar. Esse preceito nos incute a concepção de que não devemos permitir que a vontade intervenha quando estivermos utilizando a sugestão, porque se esta não estiver de acordo com a imaginação, não só não será possível conseguir o efeito desejável, como ainda se obtém exatamente o contrário. Coué nos diz, nesse ponto, que quanto maior o esforço que empreendemos em uma direção, maiores são as chances de insucesso que acumulamos no caminho desse esforço. Um bom exemplo disso pode ser o exercício de se lembrar de algo esquecido. Quanto maior o esforço de se lembrar, para mais longe irá aquela lembrança.

O psicoterapeuta francês foi um entusiasmado defensor da força da imaginação. A força de vontade para ele representou uma grandeza menor diante do poder que o ato de imaginar adquire sobre os indivíduos. Rebater os pensamentos negativos com uma sugestão que inspirasse boas coisas era uma premissa central de tudo que foi pregado por Coué.

Em outras palavras, substituir sugestões negativas por positivas é a maneira mais sábia de instigar o Universo a trabalhar a nosso favor. Quando dizemos para nós mesmos: "estou prestes a me lembrar da senha, é questão de segundos", aumentamos significativamente nossas chances de que isso ocorra de fato, o que definitivamente não seria o caso se disséssemos: "esqueci-me da senha mesmo, não tenho nenhuma chance de me lembrar, dela" ou qualquer outro comando negativo que condiciona nosso inconsciente de modo errôneo. Como Milton Erickson bem soube, a ponto inclusive de praticar bastante entre seus pacientes, a sugestão tem o poder de apresentar um efeito reverso. Se dito a um paciente, em um momento de transe, para que ele "não pense no seu membro dolorido", o mais normal e esperado, a partir da lei do esforço reverso, é que ele passe, sim, a partir daí a se lembrar e a se concentrar no ponto causador de dor.

3. Lei do Sentimento Dominante

A terceira lei da sugestão nos traz a lição de que uma forte sugestão emocional sempre prevalece sobre uma sugestão mais fraca. Quanto mais intensa e relevante é uma ideia, maior sua propensão de firmar seu espaço, delimitar sua atuação e ser seguida por um ou mais indivíduos.

Bater de frente com as emoções é quase sempre uma luta inglória. Bons *coaches* sabem disso e é também em razão desse pressuposto que o *coaching* visa aprofundar sobre o inconsciente, que é a parte de nossa mente mais encharcada de emoção.

Lembre-se de que as pessoas se esquecerão do que você disse, muito provavelmente se esquecerão do que você fez, mas nunca se esquecerão de como você as fez sentir. Essa máxima que no *coaching* assumimos como uma pedra de toque é uma afirmação dessa Lei do Sentimento Dominante, já que nossas emoções dominam uma porção da nossa vida que o nosso lado racional reluta em admitir.

Por isso, dar às emoções uma função e uma utilidade que nos sejam favoráveis é algo tão importante para o *coaching*; também por isso levamos tão a sério a perspectiva de ressignificar lembranças e transformar as memórias positivas em negativas.

A nossa vida é a materialização dos nossos pensamentos constantes. Somos o que pensamos; se o corpo adoece é porque a mente adoeceu. O corpo é o resultado da mente. A auto-hipnose (autotranse) nos ajuda a ter o controle da nossa saúde. A mente subconsciente vai dizer "sim" a tudo que pensamos, seja de forma positiva ou negativa e vai materializar esses pensamentos. Portanto, pensar positivamente vai nos abrir para uma realidade de sucesso, amor e paz.

Já dizia Walt Disney: "Tudo que você é capaz de imaginar, você é capaz de realizar!".

Praticando a autossugestão

1. Coloque uma música suave, se quiser. Sente-se ou deite-se de forma bastante confortável. Respire profundamente três vezes. Feche os olhos e diga para si mesmo, respirando devagar e profundamente: "Vou relaxar todos os músculos do meu corpo, começando dos pés até a cabeça. Os meus pés estão relaxando, todos os músculos das minhas pernas estão completamente relaxados. Estou soltando e relaxando os músculos das minhas coxas, estou me sentindo muito bem, cada vez mais relaxado. A minha pelve está bem relaxada, o meu abdome está profundamente relaxado... E assim até a cabeça. Sinto-me completamente calmo e relaxado".

2. Imagine agora uma linda escada com corrimão e desça essa escada, contando os degraus de quinze até um, intercalando a afirmação de que está cada vez mais relaxado e calmo, profundamente relaxado. Em seguida, passe para a autoanálise (feedback). Analise todos os lados do problema que o está afligindo. Poderá fazer perguntas a si mesmo, tais como:

Por que isso está acontecendo comigo?
O que eu fiz para atrair essa situação para mim?
O que posso fazer para resolvê-lo?
Que medos eu tenho que me impedem de eliminar esse estado?
Quais as vantagens que esse estado me traz?
Quais medos eu tenho de novas mudanças?

Você ficará surpreso com a quantidade de coisas que descobrirá de si mesmo.

A autoterapia (autotranse) consiste em programar sua mente positivamente, por meio de sugestões pós-hipnóticas. As sentenças são formuladas no modo afirmativo, evite usar "não". Reafirme constantemente o seu nome.

"Eu, (reafirme seu nome), a cada dia que passa me sinto cada vez melhor. Eu, _____, sou um sucesso.
Eu, _____, sinto-me totalmente saudável e feliz.
Eu, _____, sou um milagre da natureza.
Eu, _____, permito-me ir além, mais e mais!"

Após o relaxamento, outra forma muito efetiva é preencher a lista de coisas positivas em cada nível da Pirâmide da Teoria dos Sete Níveis do Processo Evolutivo. Por meio dessa ferramenta, a Matriz de Pensamento em sete Níveis, criamos uma forma materializada de compreender o funcionamento da sua mente e seu potencial de transformação do Mindset. Veja e preencha a tabela das próximas páginas com a consciência de que se trata de uma ferramenta extremamente importante, que exige concentração e sinceridade.

A COMUNICAÇÃO NA NOSSA TRANSFORMAÇÃO PESSOAL

A forma como nossa mente está estruturada reflete a forma como nos comunicamos. Nossas palavras estão intimamente ligadas à forma como pensamos, à nossa programação mental. Uma pessoa que se comunica com assertividade é capaz de remodelar qualquer situação, criar uma perspectiva ou interpretação diferente e muitas vezes, influenciar.

Quando se trata de meios de comunicação, esses são tão influenciadores, que se não formos capazes de assumir as nossas responsabilidades pelo que devemos ser e fazer, somos envolvidos, somos moldados por ela e perdemos o controle de nossas decisões.

Na obra *Dimensão oculta*, do antropólogo norte-americano Edward T. Hall, publicada em 1966, encontra-se uma profunda análise no que diz respeito à percepção do ser humano em seu espaço pela ótica da comunicação não verbal, na relação de apropriação dele e de como utiliza o espaço à sua volta como forma de comunicação. Pois, na distância que estabelecemos em relação ao outro há uma linguagem não verbal, primária, intuitiva que faz parte no nosso dia a dia e que não percebemos, e que se trata da dimensão oculta.

O autor traz reflexões acerca da comunicação invisível, aquela que pode ser sentida, que ativa nosso sistema sensorial, de forma a atingir o nível de comunicação em diversos contextos. Edward fala especificamente do espaço que ocupamos e como o utilizamos para contribuir com a nossa mensagem.

Do seu estudo ele criou a palavra "proxémia" que denomina um conjunto das teorias referentes ao uso do espaço pelo ser humano, bem como a sua relação nas dimensões culturais, sociais e individuais. Ele aponta, ainda, a cultura como fator de reação entre as pessoas e os espaços, de forma inconsciente, pois por meio dela são ensinadas algumas posturas e formas de comunicação.

LISTA DAS COISAS POSITIVAS QUE EU...

SOU			
FAÇO			
TENHO			
VIVO			
EXPERIMENTO			
QUERO			
ACREDITO			
DESCUBRO			
ENTENDO			
SINTO			
ME ENCANTO			
GOSTO			

1º NÍVEL
Superficialidade/Ambiente
Reação/Limites
Adversidade

2º NÍVEL
Relacionamentos
Comportamentos
Ação

3º NÍVEL
Conhecimentos
Capacidade/Habi
Direção/Estratégi

5º NÍVEL
Clareza dos meus papéis
Identidade/Missão
Senso do Eu

6º NÍVEL
Posicionamento
Aflição
Eu e o Grupo

7º NÍVEL
Legado
Visão
Propósito

Quando compreendemos a nossa própria forma de comunicação, conhecemos um pouco de nós mesmos. Modelando a nossa comunicação, modelamos também nosso pensamento e nossa forma de agir, temos então a oportunidade de criar mecanismos mais assertivos para o sucesso.

Uma das características mais marcantes no *coaching* com Alma é o abraço, o toque, o carinho. Com muita frequência ouço algumas expressões de susto e até de incômodo sobre o hábito do abraçar. Muita gente se sente constrangida em tocar e ser tocada. Isso é fruto do distanciamento que temos de nós mesmos e, por consequência, do outro.

Abraçar é uma forma de comunicação e Hall reflete sobre a nossa distância durante a comunicação, chamando-nos a atenção para a relação entre o corpo e a comunicação humana.

Distância íntima (do toque ao contato de até 45 cm), está associada à proximidade, ao toque físico, ao cheiro, calor da pele. Está na esfera do cuidado íntimo, do carinho. Permite mensagem de cunho afetivo.

Distância pessoal (45 cm a 1,20 m), ativa a visão para olhar o outro em sua totalidade, rosto e corpo. Aumenta a percepção de presença e sua ocupação do espaço. Permite mensagem de cunho afetivo.

Distância social (1,20 m a 3,60 m), exige mais do olhar para manter contato, e a percepção de ocupação do espaço é bem mais ampla. Incentiva o contato verbal. Dificulta a transmissão de mensagens de cunho afetivo.

Distância pública (3,60 m a 7,50 m ou mais), permite uma visão ampla do espaço, e uma distância maior do contato. Vê-se claramente a ocupação do corpo, com o mínimo de contato. Praticamente anula a transmissão de mensagens de cunho afetivo.

Todos nós utilizamos essas quatro distâncias, nas mais variadas situações, e realizamos a comunicação conforme elas, de forma inconsciente, praticamente instintiva. Lembrando que nosso sistema sensorial é acionado e também auxilia na comunicação e na percepção do espaço e distâncias.

DIMENSÃO OCULTA: ACIONANDO NOSSO SISTEMA SENSORIAL E AS RELAÇÕES HUMANAS

Olhos, ouvidos e nariz são acionados quando há uma distância maior do outro, enquanto que o tato entra em ação quando o contato é mais próximo. O antropólogo Eduard Hall afirma, ainda, que a linguagem não verbal predomina sobre a verbal.

Quando uma pessoa é mais íntima, ou quer se tornar mais íntima, ela fica, ou tenta ficar, mais próxima da outra, o tom de voz tende a ser mais baixo e a conversa mais direcionada. Por outro lado, há aquelas que desejam uma maior distância para conseguir abranger o maior número de pessoas com seu discurso, utilizando o tom de voz em um timbre mais alto, nesse caso ele tem a possibilidade de enxergar todos aqueles a quem está falando.

E ainda há casos de pessoas que não querem se comunicar, elas mantêm certa distância e evitam o olhar. Isso informa aos demais que ela não deseja aproximação, ou seja, ela de certa forma estabelece uma comunicação com os demais.

Quando o autor fala em "dimensão oculta", está se referindo ao espaço que nos distancia do outro, bem como as relações que são estabelecidas nesse território, fazendo com que utilizemos esse espaço como uma forma de complementar a mensagem e, ainda, auxiliar no estabelecimento das relações humanas.

Nesse sentido, devemos também levar em conta a cultura e a individualidade de cada um (país, nação, região e religião a qual pertence). Por exemplo culturas que não permitem a aproximação de homens e mulheres, crianças e adultos, bem como aquelas que definem distância e gestos para o início de uma conversa ou que não permitem contato entre classes sociais, entre outros vários exemplos.

Vale ressaltar que o estudo do norte-americano Edward Hall, em relação ao uso que nós, seres humanos, fazemos do espaço, está presente em diversos contextos além das relações humanas (nos âmbitos pessoal e profissional), como em outras culturas, arquitetura, planejamento e renovação urbana. Sim, os profissionais que otimizam espaços estudam a proxémia, como forma de estabelecer lugares de convivência social e íntima.

COMO A DIMENSÃO OCULTA ACONTECE

A dimensão oculta não nos é ensinada. Trata-se de uma forma primitiva de manter contato com o outro. Ela nos é inserida de forma natural. Aprendemos a ocupar espaços e a estabelecer distâncias para nos comunicar da maneira mais adequada, conforme nosso desenvolvimento, conhecimento, interesse e objetivo.

Imagine uma festa com vários convidados que não têm muita intimidade, alguns nem se conhecem. No começo, as pessoas ficam espalhadas tentando manter a distância, uma espécie de "avaliação de território", observam todas as pessoas do ambiente, ativando a visão. É natural que se inicie uma aproximação, um processo de "degelo" de pessoas mais conhecidas, iniciando os processos de conexão.

Aqueles que não conhecem ninguém procuram aproximar-se fisicamente, para então iniciar um contato, o conhecido "puxar conversa". Podemos dizer, nesse caso, que em todo momento, desde a entrada na festa, é estabelecida uma forma de comunicação, mesmo no primeiro momento quando as pessoas estão mais dispersas e pouco abertas para a aproximação.

As distâncias passam a ser intencionais, porém inconscientes, contribuindo para experiências multissensoriais, atendendo às necessidades de convivência do ser humano, estabelecendo espaço para a comunicação com o outro.

É importante perceber que outros canais de comunicação, além da verbal, funcionam e influenciam na transmissão da mensagem, ativando não apenas os ouvidos para absorver as palavras, mas todo nosso sistema sensorial, que nos permite uma comunicação instintiva. Não há como isolar a mensagem do contexto, bem como do espaço que emissor e receptor se encontram; há relação direta entre distância e os sentidos que são ativados no ato da comunicação.

O PODER DA FLEXIBILIDADE E DA RESILIÊNCIA

Flexibilidade é um termo que envolve a habilidade de adaptação que o indivíduo tem diante das mudanças que ocorrem em sua vida. Tem a ver também com a capacidade de evoluir ao se deparar com as adversidades do dia a dia, obtendo aprendizado com todas as experiências, por mais difíceis que elas sejam.

A pessoa que utiliza essas ferramentas consegue potencializar muito mais seu desempenho, pois encontra nas dificuldades uma oportunidade. Além disso, as pessoas com tais características conseguem resistir com maior facilidade às pressões e ao estresse que o trabalho e as mudanças lhe impõem, fortalecendo-se com isso.

Um exemplo de flexibilidade são: as hélices de navio. Antigamente, essas hélices ficavam presas ao navio com pinos de metal puro, pois era entendido que essas fossem mais duráveis e mais seguras. Portanto, os pinos eram tão rígidos que, se batessem em qualquer coisa, eles poderiam quebrar-se. Por esse motivo, resolveram mudá-las e atualmente as hélices são presas por engates flexíveis de borracha, embora, aparentemente, sejam menos fortes que as peças de metal. As hélices de borracha duram mais tempo e são mais seguras justamente por terem flexibilidade.

Da mesma forma, isso se aplica a pessoas. Conforme pesquisas da ciência cibernética, descobriu-se que a pessoa mais poderosa de qualquer ambiente ou grupo é, invariavelmente, a mais flexível. Uma pessoa que olha as situações sob vários pontos de vista tem mais poder de escolha do que as pessoas que apenas focam em um ponto – isso vale para a forma de encarar os problemas também. Quem tem mais maneiras de olhar para as coisasww tem mais possibilidades de alcançar maiores resultados em qualquer situação.

TESTE A SUA RESILIÊNCIA

A resiliência, segundo o Dicionário Aulete, significa: habilidades que são desenvolvidas para resistir, lidar ou reagir às situações adversas de maneira positiva. Este teste possibilita que você se conheça melhor e saiba como agir diante de circunstâncias adversas, em qualquer área da vida.

Pegue seu lápis ou sua caneta e seja o mais sincero possível consigo mesmo.

As próximas trinta questões devem ser respondidas conforme a escala abaixo. Para que você entenda melhor, os números de o a 3 representam a frequência com que você apresenta o comportamento descrito, sendo 3 para mais frequente e o para menos frequente. Insira os números, conforme a orientação, apenas na lacuna (quadrado) que está em branco.

SEMPRE – 3	FREQUENTEMENTE – 2
ÀS VEZES – 1	RARAMENTE – 0

1. Quando você precisa tomar alguma decisão, costuma analisar bem as possibilidades, a situação e como consegue resolver.

2. Você costuma valorizar o que considera como "responsabilidade".

3. Por muitas vezes, você dá desculpas a si mesmo e ao outro.

4. Quando você conhece alguma informação, questiona a si mesmo e ao outro.

5. Quando uma pessoa próxima a você não alcança o sucesso, por algum motivo, você costuma ser exigente e severo.

6. Você gosta de ver as pessoas satisfeitas e dá o seu melhor para vê-las neste estado.

7. Conversar com pessoas é uma atitude fácil para você.

8. Você costuma subestimar as pessoas que não são tão próximas de pessoas à sua volta.

9. Você costuma manter a calma quando está passando por algum momento de nervosismo ou agitação.

10. Viver em um ambiente harmônico é importante para você.

11. Seu nível de criticidade aumenta consideravelmente quando alguma coisa não acontece como você planejou ou queria.

12. É comum que haja procrastinação quando precisa resolver problemas desagradáveis para você.

13. Você aconselha as pessoas de maneira imperativa.

14. Você consegue lidar de maneira harmônica com as pessoas.

15. Você extrai e analisa várias informações e os fatos antes de tomar qualquer decisão.

16. Você toma ações quando deseja uma situação ideal.

17. Você não se sente atingido emocionalmente quando alguma conversa é desgostosa e infeliz.

18. Você expressa com segurança aquilo que você pensa, ou seja, sua opinião.

19. Suas ações costumam ser planejadas.

20. É de seu costume pedir desculpas.

21. Quando você recebe alguma opinião contrária, você questiona as pessoas antes de opinar.

22. Em diversas situações da vida, você busca dizer o que pensa.

23. Você é do tipo de pessoa que segue regras metodicamente.

24. Ao notar alguma pessoa ou atitude, você faz a avaliação de maneira assertiva.

25. Você é perfeccionista quando realiza alguma ação.

26. Você costuma observar como as pessoas agem e reagem a uma determinada situação.

27. Quando você conversa com as pessoas, faz "zóin no zóin", olhando-as nos olhos.

28. Você costuma sofrer e se queixar quando não consegue realizar algo.

29. Datas comemorativas, por exemplo, seu aniversário, Natal, Páscoa, são valorizadas por você.

30. Quando vai a uma festa em que conhece poucas pessoas, sua timidez fica evidente.

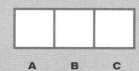

TOTAL DE PONTOS:

A B C

Após responder todas as questões, faça a soma dos números assinalados em cada uma das colunas. Na sequência, copie os dados totais obtidos em cada coluna para o gabarito. Isso significa anotar a quantidade de marcações de acordo com as letras A, B e C. Depois, convido você a comparar as pontuações obtidas em cada coluna e verificar qual comportamento é mais parecido com você.

Resultado

A – Reativa
Total:

| 1 | 10 | 20 | 30 |

B – Proativa
Total:

| 1 | 10 | 20 | 30 |

C – Submissa
Total:

| 1 | 10 | 20 | 30 |

De acordo com os exemplos de situações anteriores, é possível identificar 3 tipos de pessoas: reativas, proativas e passivas.

Reativas

Não costumam aceitar as adversidades. Ao invés de assumirem a responsabilidade por solucionar seus problemas, pessoas com esse perfil costumam buscar culpados. Por isso, estão sempre reclamando de situações e de outras pessoas. Os comportamentos deste perfil, ao colocar em alguém a culpa por seus problemas e dificuldades, procuram transferir aos outros a responsabilidade.

Proativas

Não se deixam abater com qualquer problema. Elas enfrentam a situação com a cabeça erguida e assumem as responsabilidades que lhes cabem, investindo energia na solução da situação. Com essas atitudes, transformam as dificuldades em oportunidades de aprendizado, desenvolvem-se e se fortalecem. Afinal, a proatividade é uma característica das pessoas resilientes.

Passivas

Costumam se conformar passivamente com os acontecimentos desagradáveis da vida e se acomodam com a situação atual. Há também os que atribuem ao destino, a Deus ou ao Universo a responsabilidade pelo que estão vivendo, e, assim, cruzam os braços, esperando as atitudes "virem do além". Submeter-se é se eximir de enfrentar uma adversidade. A única atitude dos passivos é a lamentação. Pessoas que têm o perfil Passivo costumam se vitimizar, mobilizar os outros a resolverem os problemas dela ou a perdoá-las, de alguma forma.

VOCÊ É ÚNICO!
NÃO EXISTE NINGUÉM
IGUAL A VOCÊ!
SE VOCÊ NÃO EXISTISSE,
QUE FALTA VOCÊ FARIA?

O FRACASSO SÓ EXISTE PARA QUEM ACREDITA NELE

"Quando tudo está perdido, sempre existe um caminho. Quando tudo está perdido, sempre existe uma luz!" Esse trecho da canção "Via Láctea", da banda brasileira Legião Urbana, mostra, com poucas e assertivas palavras, como o fracasso não é o fim.

Por mais doloroso que seja este processo, acredite: perder faz parte da vitória, do crescimento e do processo evolutivo de cada ser humano. Sem isso, não haveria motivos pelos quais perseverar, lutar e continuar acreditando em nossa força, em algo mais.

Fracassar é como perder o ônibus: perdemos um, mas em seguida vem o próximo, e com ele uma oportunidade nova de seguir em frente e fazer diferente. Só fracassa quem ousa; quem tenta; quem busca crescer. Portanto, a forma pela qual encaramos esse fracasso é que fará a diferença. Por isso, quando errar, não se envergonhe. Pelo contrário, se orgulhe de sua iniciativa de tentar, pois o fracasso é uma atitude e não a consequência de uma ação.

FRACASSAR PARA VENCER

Steve Jobs foi demitido de sua própria empresa. Charlie Chaplin, antes de se tornar um ícone do cinema, foi recusado por Hollywood. J.K. Rowling foi demitida e dependeu de auxílio do governo antes de fazer sucesso com os livros do Harry Potter. R.H. Macy fracassou sete vezes, antes de seu negócio se tornar um dos mais valiosos dos Estados Unidos; Walt Disney foi considerado "sem imaginação", e, antes de criar a Disney, faliu seu primeiro empreendimento.

Esses são apenas alguns exemplos de pessoas de sucesso que não desistiram de realizar seus sonhos, mesmo tendo fracassado em algumas tentativas. Acima de tudo, o que essas pessoas conseguiram fazer foi pensar no desafio de uma maneira que os ajudaram a manter-se motivados. Eles foram flexíveis o suficiente em seus modos de pensar para oferecer a si mesmos mais escolhas. Se olhar ao seu redor, verá também outros inúmeros exemplos de colegas, amigos, familiares persistentes, que superaram as dificuldades e não deixam a bola cair. Por que não seguir o exemplo dele e ser mais flexível também?

É certo que muitas vezes, quando estamos tristes e machucados ou nos vemos cheios de problemas pessoais e profissionais, podemos acreditar que não há mais soluções e que não somos capazes de reagir. Ledo engano, pois você é capaz de muito mais!

Erga-se por seus sonhos, por suas ideias, por suas crenças, por seus filhos, por si mesmo. Busque aprender com seus fracassos, tirar lições, aprendizados e permita-se evoluir mesmo quando nem tudo vai bem.

Saiba que é nos momentos de dificuldade que encontramos também as maiores oportunidades de fazer sucesso, de vender nossas soluções e mostrar como nossas ideias, produtos ou serviços são bons e essenciais. Então, não fique remoendo culpas e perdendo seu tempo cogitando o que podia ter sido.

Lembre-se: a vida segue em frente e o mais importante não é o que não foi, mas sim o que ainda será. Aprenda com seus erros e faça diferente! Com certeza, com foco, dedicação, planejamento e amor, você conquistará seus resultados extraordinários. Permita-se!

Convido você a praticar o exercício abaixo:

Adaptando o modo de pensar

Segundo Paul McKenna:

1. Lembre-se de um grande objetivo ou projeto que você já realizou no passado do qual sente orgulho. Como você e os envolvidos se mantiveram motivados? O que pensaram, qual significado deram ou perspectiva você ou outra pessoa usaram?

   Exemplo: "Meu gestor mantinha a equipe engajada em um projeto enxergando-o como um legado, algo pelo que poderíamos ser lembrados, que fez a diferença na organização".

2. Pense em um objetivo ou projeto que você tem a realizar nesse ano ou em um futuro, no qual você esteja investindo seu tempo, esteja se dedicando atualmente. O que faria diminuir o seu interesse nesse projeto? O que o faria desmotivar-se dele? Que tipo de pensamento sobre esse objetivo ou projeto diminuiria o seu interesse em fazê-lo acontecer? Exemplos: "Já fiz isso antes e não deu certo", "Não vou ganhar nada com isso", "Não adianta fazer, pois ninguém reconhece mesmo".

3. Agora, ao contrário do item 2, que tipo de pensamento sobre esse objetivo ou projeto aumentaria o seu interesse em se envolver nele e fazê-lo acontecer?
   Exemplos: "Esse objetivo me fará melhor do que sou", "Esse é um grande passo na minha carreira", "Mesmo que não tenha reconhecimento nesse momento, vou aprender muito com isso".

O PODER DAS PERGUNTAS

As perguntas são as ferramentas mais poderosas na mudança no modo de pensar diariamente e também a mais simples. Fazer as perguntas certas nos incentiva a refletir e a encontrar as respostas que precisamos para ir além, na vida pessoal e profissional.

Elas são a chave para as respostas, mas mais do que isso são muitas vezes o verdadeiro xis da questão, pois determinam o foco de nossa percepção, assim como o tamanho do sucesso que podemos alcançar, além do nível do amor, medo, alegria ou espanto que experimentamos o tempo todo.

As perguntas devem estimular a ação, gerar opções, criar comprometimento e propiciar autoconhecimento e devem ser feitas sempre no positivo. É comum, para algumas pessoas, fazerem perguntas a si mesmas de forma contínua, com teor negativo, como por exemplo, "Por que é tão difícil eu conseguir o que eu quero?". Essa pergunta leva a duas percepções:

a) Existe algo a ser feito.

b) Você não consegue fazê-lo.

Outros exemplos de perguntas "negativas" são:

- "Por que isso sempre acontece comigo?"
- "Por que todo mundo consegue e eu não consigo?"
- "Por que as coisas não mudam em minha vida?"

Para que sua mente entenda a pergunta, é importante entender por quais motivos você "não consegue fazer o que precisa ou deveria fazer". Independentemente da resposta dada, o fato é que você está aceitando a premissa básica da pergunta.

Ao contrário disso, proponho a seguinte reflexão:

Como seria se essas perguntas pudessem ser feitas de modo positivo?

Agora convido você a fazer a pergunta a si mesmo de uma outra forma: "Como posso conseguir o que eu quero com mais facilidade?". Ao se fazer essa pergunta de forma positiva, você pressupõe de forma mais orientada:

a) Vai dar certo.

b) Há muitas formas de fazer isso dar certo.

c) Isso pode ser feito de uma forma mais fácil.

Outros exemplos de perguntas "positivas" são:

"Qual é a maneira mais simples e eficiente de resolver essa situação?"

"Quantas alternativas diferentes eu tenho para resolver esse problema?"

"Qual é a maneira mais assertiva para eu parar de_____?"

Essas formas de perguntar conduzem a sua mente a escolher entre vários tipos de informações e conduzem a um estado diferenciado e mais criativo. Mude a forma de perguntar até que se sinta satisfeito com as respostas, até o seu cérebro encontrar uma resposta que o agrade, que seja benéfica.

126

Quando não fazemos perguntas de forma correta, acabamos por nos acomodar com as circunstâncias, tornamos-nos reféns dos problemas e, pior, não temos iniciativa para solucioná-los. Ouvir as perguntas certas de uma pessoa ou de si mesmo funciona como um despertar para a realidade, equivale a um chamado para agir em prol das mudanças que queremos protagonizar.

A vida sempre o brinda com aquilo em que você mais se concentra.

RESSIGNIFICANDO SUA REALIDADE

Muitas pessoas se encontram encurraladas em uma posição ou condição desagradável por causa da sua instabilidade emocional, ou simplesmente pela falta de flexibilidade para mudar. Isso, muitas vezes, projetam-nas a viver no contexto do outro. Por exemplo, projetam as suas vontades em alguém (Eu quero que você seja feliz. Quero que arranje um bom emprego. Quero que você faça isso e não aquilo...). Outras vezes, vivem a realidade acima delas, quando se preocupam demasiadamente com acontecimentos que independem do seu poder, a exemplo dos fatores climáticos (tornados, enchentes, alagamentos) e também com o fim da sua vida, ou seja, sua morte. A consequência disso tudo é a convivência com situações dolorosas que parecem nunca ter fim.

Embora o nosso cérebro não entenda a diferença entre o que é real ou imaginário, podemos escolher no que vamos ou não acreditar. O que acontece quando damos um murro na ponta de uma faca? Logicamente nos cortamos, nos ferimos. O mesmo acontece quando alimentamos pensamentos que destoam da realidade, pois estamos mais uma vez apenas dando murros na ponta afiada e constantemente nos machucando. E, se desse modo, não dá certo, este é um claro sinal de que está na hora de mudar a estratégia.

Trazendo essa metáfora para o nosso dia a dia, podemos perceber que repetimos padrões de comportamentos em relação ao outro e a nós mesmos e que brigam com a realidade. Veja só estes exemplos:

"Meu companheiro deveria me apoiar e me dar mais atenção".

"Meu chefe deveria ser mais calmo e humano".

"Eu deveria ter mais sucesso na vida e mais dinheiro no banco."

Esses são exemplos de pensamentos que brigam com a realidade e, que por não serem exatamente como desejamos, causam-nos tristeza, insatisfação, frustração e bastante estresse em nossas relações cotidianas. Porém, não pense que "O trabalho" é sinônimo de passividade e inspira você a aceitar tudo do modo como é.

Negar os fatos não muda o que aconteceu ou como as coisas são, pois seria como querer que um rio corresse ao contrário. Podemos ir contra a sua correnteza, remar contra a maré, mas ele, ainda assim, vai continuar seguindo seu curso normal. Resistir a essa verdade é travar uma batalha onde você já entra perdedor. De fato, não queremos que coisas ruins nos aconteçam, que percamos pessoas queridas ou que elas fiquem doentes, por exemplo. Contudo, mesmo contra a nossa vontade, essas coisas acontecem. Por isso mesmo, segundo Katie, brigar com elas é totalmente inútil.

Para Byron Katie, a autora do livro *Ame a realidade* e da teoria "O Trabalho", existem três tipos de realidades distintas – a minha, a sua e a que está "Acima de nós"; que é aquela que está fora do nosso controle. Por isso, quando vivemos a realidade dos outros e não a nossa, acabamos perdendo o nosso foco e sofrendo por fatos externos. Esse trabalho recorre a um conjunto de perguntas simples, porém poderosas, que levam à ressignificação de uma realidade distorcida. Por meio dele, é possível superar, com bastante rapidez, a raiva, o ressentimento e o medo.

A grande questão é que, desde sempre, nós somos motivados e impelidos a tentar mudar a nossa realidade mesmo quando isso não é possível. Assim, ao invés de aprender a lidar e encarar o que temos de real, nós perdemos o nosso tempo concentrados nos "porquês" de cada questão, o que em resumo é pura perda de tempo e energia. Neste sentido, Byron defende a seguinte ideia: "Quando paramos de nos opor à realidade, as ações se tornam simples, fluídas, gentis e sem medo". Podemos, então, ser mais felizes com o que temos.

Ter essa nova perspectiva da situação é importante, porque geralmente sabemos muito bem o que é melhor para o outro, mas não exatamente o que é o melhor para nós. "O Trabalho" é um convite ao autoconhecimento por meio do que pensamos em relação às outras pessoas. É como naquela velha máxima atribuída ao psicanalista Sigmund Freud: Quanto mais Pedro me fala de João, mais eu sei de Pedro que do João.

Essa expansão permite reconhecer que muito do que cremos e pensamos nada mais é do que nossa projeção da realidade. "O que "O Trabalho" nos dá é uma maneira de mudar o projetor – a mente – ao invés da projeção", ressalta Byron. Na prática, o que ela defende é que devemos buscar mudar a nós mesmos e não ao mundo e evoluir em nossa forma de se relacionar com ele.

MUDANDO A SUA REALIDADE

Segundo *Ame a realidade* de Byron Katie, escreva num papel em branco os seus Julgamentos/Impressões/Opiniões sobre uma pessoa ou situação negativa (presente ou passada), que tenha gerado dor, raiva, ressentimento e estresse para você.

Exemplo: alguém que ainda não se tenha perdoado 100%. Isso é importante, pois mesmo que já tenha absolvido a pessoa 90%, os 10% não perdoados é que vão continuar a te limitar emocional e comportamentalmente e a influenciar diretamente a qualidade dos seus relacionamentos externo e interno (com você). Fazer essa sessão de julgamentos é um modo de aprender a tirar o foco de si mesmo e livrar-se de autocríticas e autopunições frequentes.

1. Nessa situação, tempo e lugar, quem enraivece, confunde ou desaponta você e por quê?
Exemplo: Estou enraivecido com João porque ele não me ouve sobre sua saúde.

Estou _____ **porque** _____

_____

2. Nessa situação, como você quer que essa pessoa mude? O que você quer que ela faça?

Exemplo: Quero que João veja que ele está errado. Quero que ele pare de mentir para mim. Quero que ele veja que ele está matando a si mesmo.

Quero que _____

_____

3. Nessa situação, que conselho você daria para ela? O que ela deve ou não fazer?

Exemplo: João deveria respirar fundo. Ele deveria se acalmar. Ele deveria ver que suas ações me assustam. Ele deveria saber que querer ter razão, não vale outro enfarto.

_____ **deveria/não** _____

_____

4. Para que você seja feliz nessa situação, o que você precisa que ela pense, sinta ou faça?

Exemplo: Preciso que João me ouça quando eu falar com ele. Preciso que ele cuide de si mesmo. Preciso que ele admita que estou certa.

Preciso que _____

_____

5. O que você pensa sobre ela nessa situação? Faça uma lista.

Exemplo: João é injusto, arrogante, escandaloso, desonesto, inconsciente e desequilibrado.

_____ **é** _____

_____

_____

6. O que, nessa situação ou sobre o que ela significa, você não quer voltar a experimentar de novo?
Exemplo: Não quero nunca mais que João minta para mim novamente. Não quero nunca mais vê-lo arruinar a sua saúde novamente.

Não quero nunca mais _____
_____
_____

Agora, investigue cada uma das afirmações acima usando as quatro perguntas. Permita-se aprofundar-se nas perguntas para encontrar suas respostas. Em seguida, inverta cada pensamento. Para a inversão da afirmação 6, substitua as palavras "Não quero nunca mais..." por "Estou disposto a..." e "Não vejo a hora de...". Até que você possa encarar todos os aspectos da vida sem medo, seu "Trabalho" não está terminado.

1. Isso é verdade? Sim ou não. Se não, vá para a 3.
2. Você tem absoluta certeza de que é verdade? Como você pode comprovar isso?
3. Como você reage, o que acontece, quando você acredita nesse pensamento?
4. Quem você seria sem esse pensamento?

Inverta o pensamento
a) Para mim mesmo. (Eu não me ouço sobre minha saúde.)
b) Para o outro. (Eu não ouço o João sobre sua saúde.)
c) Para o oposto. (João me ouve sobre sua saúde.)

SETE CRENÇAS PODEROSAS DAS PESSOAS BEM-SUCEDIDAS

As pessoas sempre me perguntam por que alguns indivíduos conquistam sucesso na vida e outros não. De fato, às vezes, mesmo tendo um grande potencial, muitos se perdem ao longo do caminho e não conseguem conquistar seus sonhos e a felicidade que gostariam de ter e viver. Mas por que isso acontece?

Olhamos para nós hoje e nos julgamos e julgamos o outro como se nossas forças ou fraquezas fossem resultados do agora e a falta deles também. Mas não, tudo que somos e não somos se relaciona diretamente com as crenças a que fomos submetidos tantas vezes em nossa infância.

Portanto, é possível ressignificar as nossas crenças do passado e alcançar uma vida mais plena, feliz e de grandes realizações.

Lembre-se sempre de que uma crença nada mais é do que um ponto de vista do qual enxergamos tudo que acontece à nossa volta. Quando você opta por ver as coisas, as pessoas e situações sob uma perspectiva, ou seja, um ponto de vista positivo, mudanças incríveis acontecerão em sua vida.

Empodere-se com as sete crenças abaixo e seja uma pessoa bem-sucedida:

1. Você é o único conhecedor de si mesmo

Ninguém conhece você melhor que você mesmo. Você só saberá disso ao se descobrir por dentro, ao se aprofundar no seu autoconhecimento.

2. Você é como é. Está tudo certo com você. Não há nada a ser "consertado".

A forma que você se vê depende da forma como se olha e o que aprende com isso. Se você sendo quem você é está dando certo, então está tudo certo. Se você percebe que algo não vai tão bem assim, que tal aprender com isso? Tudo tem uma intenção

positiva, um propósito, isso inclui os seus comportamentos positivos e negativos. À medida que sua mente inconsciente descobre
novas formas de manter você mais seguro, o problema desaparece.

3. Todos os recursos que você precisa para alcançar seu sucesso estão dentro de você.

Se todo mundo consegue um feito, você também pode conseguir.
Tudo depende do quanto você se dedica e é capaz de investir para
alcançar o que quer. A única diferente entre você e alguém que usa
ao máximo todos os seus talentos e habilidades é o conhecimento
de como acessar os seus recursos na hora certa.

4. Você pode fazer qualquer coisa na vida se souber dividir suas ações.

Tudo pode ser feito se for dividido em partes suficientemente
pequenas. Uma nova habilidade, uma solução para um problema
grande ou mesmo um projeto de vida. Dividindo-se em pequenas
ações, fica mais fácil de administrar. Qual é o seu grande sonho?
Divida-o em pequenas metas e transforme essas metas em pequenas ações, assim, com certeza, ficará mais fácil de alcançá-los.
Não se constrói uma parede de uma só vez, antes, é preciso colocar tijolo por tijolo. Pense nisso!

5. Se o que você está fazendo não estiver dando certo, faça algo diferente.

Spenser Johnson mostra a diferença entre ratos e humanos no
livro *Quem mexeu no meu queijo*. Quando os ratos descobrem que
o que estão fazendo não está funcionando, eles fazem outra coisa;
se os seres humanos descobrem que o que estão fazendo não dá
resultados, eles procuram alguém para colocar a culpa. Se você
quiser alcançar resultados melhores e diferentes do que vêm tendo,
t.b.c. (Tire a Bunda da Cadeira) e faça algo diferente.

6. O fracasso é apenas um sinal de que você precisa melhorar.

Pessoas bem-sucedidas descobrem que para alcançar o sucesso,
muitas vezes, precisam enfrentar o fracasso e aprender com ele.

Reinventar a rota, a partir de situações que não deram certo, é o maior poder que uma pessoa tem para alcançar, verdadeiramente, o que deseja. Quem tem essa consciência, por si só, saberá se manter com o sucesso alcançado, quando ele acontecer, pois sabe que cometeu mais erros do que quem não chegou aonde queria. Todo erro ou fracasso é uma oportunidade de aprendizado. Não existe fracasso, existe estratégia errada. Mude o plano!

7. Você cria seu futuro nesse momento, no AGORA.

É caminhando que se faz o caminho. E a caminhada começa agora. Para alcançar o futuro que deseja, você precisa começar hoje uma nova história.

Pessoas de sucesso olham para o presente, pois somente este é capaz de te ajudar a fazer uma nova escolha e aumentar as suas possibilidades. O passado serve apenas para te gerar novos aprendizados. Olhe para o seu presente se quiser alcançar um futuro como deseja, como sempre sonhou.

GERANDO UMA NOVA MENTALIDADE

1. Olhe à sua frente e imagine que tenha um "outro você" olhando para você mesmo. Um "você" que tem a crença de ser mais confiante, seguro, alegre e com uma energia maravilhosa, vibrante.

2. Imagine, agora, como seria se esse "outro você" pudesse alcançar tudo que deseja só por acreditar nessas crenças positivas? Como ele se sente? Mais realizado? Seguro? Motivado? Forte? Determinado? Bem-sucedido?

3. Pense, como esse "outro você" demonstra todas essas qualidades por meio de seus comportamentos e suas atitudes? Como ele se comporta? Como fala consigo mesmo? Qual é a sua postura? Como se move? Que tom de voz ele utiliza?

4. Esses comportamentos e atitudes são exatamente como você gostaria que fossem? Se não forem, o que você pode fazer para obter todos os ajustes necessários e sentir-se melhor?

5. Assim que você estiver satisfeito com outro "você", se posicione dentro dele, assumindo seus comportamentos e suas atitudes.
6. Agora, lembre-se de uma situação que gostaria de vivenciar sob uma nova perspectiva. Como pensa sobre si mesmo, que benefícios ela traz para você e o que ela pode ajudá-lo a alcançar. Como essa situação pode ser melhor agora?
7. Comporte-se e aja, a partir de agora, tornando essa nova crença uma verdade. Com esse hábito, o seu cérebro passará a funcionar sob uma perspectiva mais positiva.

METÁFORA DO ELEFANTINHO

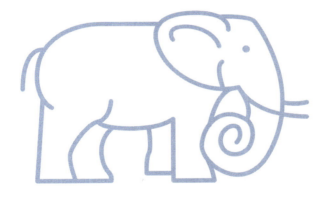

Você já observou um elefante no circo? Durante o espetáculo, o enorme animal dá demonstrações descomunais de força. Mas, antes de entrar em cena, permanece preso, quieto, contido.

Logo que nascem os elefantes são presos a uma estaca de madeira cravada no solo e, para serem domesticados, recebem grandes quantidades de açúcar de seu domador. Assim, vão aos poucos amansando. Pois imagine como seria se aquele enorme animal fosse uma fera?

Mas enquanto não amansam, seguem seus instintos e fazem uma força descomunal para se libertar das correntes que os prendem ao chão. Imagine só o sofrimento e a dor de um pobre animalzinho querendo se libertar, mas seus poucos 200 kg, 300 kg não lhe permitem soltar-se. Quanto mais força ele faz, mais ele machuca a pata, é uma luta; tentativas inúteis porque a estaca é muito pesada e ele não consegue se soltar de maneira nenhuma. Os pais daquele pobre filhote observam tudo e nada podem fazer; ele é absolutamente indefeso mesmo com todo aquele tamanho. Mas o elefantinho não quer o mesmo destino de seus pais, então ele sofre, tenta, tenta, tenta e sua pata fica cada vez mais machucada.

Então ele começa a acreditar que seu destino será o mesmo de seus pais, e que é inútil tentar se libertar, sair dali. O elefantinho passa os dias frustrado, acorrentado e crescendo naquele mesmo lugar. Os dias passam e aquela criança que antes sonhava em conhecer o mundo, desbravar, romper os limites... agora se conforma com sua situação.

Mas o que o elefantinho não sabe é que a estaca que o segura, hoje com o dobro, o triplo do peso do corpo, é a mesma que o prendeu quando criança.

Um dia, ele observava uma criança que seguia, inocentemente, em direção à jaula do leão. Qual seria o fim daquela criança, para o elefantinho, a morte era certa.

Quanto mais perto a criança chegava da jaula do leão, mais aflito o elefante se sentia. Ele foi tomado por um pavor, e pensava: "não vou conseguir", "não vai dar tempo", "será inútil tentar", "sempre foi assim", "estou preso aqui e não posso me soltar".

Ocorre que o elefante se viu no lugar daquela criança, e por um minuto se esquecendo daquela desproporcional estaca, correu em direção ao menino conseguindo salvá-lo das garras do leão faminto. Os pais da criança logo chegaram e ficaram extremamente emocionados e agradecidos àquele corajoso animal.

O elefante ficou surpreso com aquele feito, com toda sua coragem em salvar a criança, em poder resgatar dentro de si aquela criança corajosa, com atitude, sonhos e determinação.

Até quando seremos o elefantinho desta metáfora? Até quando deixaremos que o medo e a estagnação nos impeçam de ir além? Até quando esperaremos uma criança chegar tão perto do leão que tenhamos que agir abruptamente?

A ação ou a paralisia só depende da atitude de cada um de nós todos os dias.

O que você escolhe ser: o elefantinho amarrado? Ou o elefantinho ousado?

DEFININDO SEUS SONHOS

A transformação pessoal é uma necessidade. Acredite: você precisa se transformar. Fazer diferente, pensar diferente, amar diferente, falar diferente, e talvez a porta para essa transformação seja organizar seus sonhos.

Sempre fomos acostumados a ouvir que "sonhadores" são pessoas que não chegam a lugar nenhum, mas eu realmente não conheço ninguém que tenha conseguido algo na vida sem sonhar. Então: quais são seus sonhos? E qual deles é o maior?

Tudo que você vê ao seu redor foi, um dia, parte dos sonhos de alguém. Um dia alguém sonhou que poderíamos nos comunicar instantaneamente à distância, e hoje temos os celulares e seus aplicativos. Um dia alguém sonhou que poderia voar, hoje temos aviões e jatos ultrarrápidos.

Um dia alguém sonhou em chegar à Lua, e lá estamos – agora, avançando para outros planetas. Sabe qual a diferença entre esses e os seus sonhos? As pessoas que tiveram esses sonhos, no minuto seguinte, começaram a fazê-los acontecer.

Sonho é algo bom. Sonho no sentido de desejo, aquilo que almejamos, a forma como nos vemos no futuro ou em outra situação. O sonho nasce dos nossos desejos reprimidos. O psiquiatra suíço Carl Gustav Jung afirma que o sonho nasce daquilo que deixamos no inconsciente, que vem à tona no nosso período de sono. Mas sonhamos acordados sempre que vislumbramos uma realidade que não vivemos.

Os sonhos são importantíssimos na nossa vida. Os sonhos nos fazem experimentar, ao menos no campo do desejo e da imaginação, outra realidade, outra experiência. Nossos sonhos são, em geral, alimentados pelos nossos olhos – o desejo vem, sobretudo, do ver.

Mas nossos sonhos podem ser realizados? Sim.

Só consigo pensar naquela célebre frase de Walt Disney: "Se você pode sonhar, você pode realizar". E veja o mundo incrível que esse visionário realizou. Posso te garantir que ele, como todo grande realizador, foi chamado de louco, ouviu que era impossível, ouviu pedidos para "deixar isso de lado".

O *coaching* foi a minha forma de conseguir realizar meus sonhos, por isso, acredite verdadeiramente que ele pode ser o caminho para que você também realize os seus – e leve o *coaching* para que outras pessoas, por meio de você, realizem os delas. Assim, o *coaching* cumpre seu papel de ser uma forma de acelerar o alcance de objetivos.

Alcançar os seus objetivos é o máximo da realização. É lá que queremos chegar, e quero falar com vocês sobre essa habilidade maravilhosa que é a de sermos verdadeiros realizadores dos nossos sonhos, projetos, metas e objetivos pessoais e profissionais. Tenho certeza de que assim como eu você também tem seus desejos ainda não realizados.

Para que qualquer coisa aconteça no mundo real, ela primeiro precisa acontecer no mundo imaginário. Assim foi com Mozart quando ouvia sinfonias inteiras, já completas, em sua mente criativa; ou Einstein quando imaginou uma viagem pelo espaço em feixe de luz para desenvolver a sua teoria da relatividade. Todos os grandes inventores e realizadores aproveitaram seu sonho diurno criativo, ou devaneio, como fonte de ideias e inspiração. Visualizaram, sentiram por dentro, como um planejamento mental estratégico para que pudessem alcançá-los. A boa notícia é que, se eles conseguiram alcançar o que viram em suas mentes, você também pode alcançar. Quanto mais tempo passamos em nosso sonho criativo, mais sucesso seremos capazes de alcançar.

Olhe ao seu redor e veja que quase tudo que você vê, usa, toca, foi um dia pensado por alguém que se permitiu, antes, sonhar.

O SISTEMA DA DEFINIÇÃO DE SONHOS

A diferença entre o sistema de definição de sonhos e objetivos é que o sonho pode gerar o objetivo e esse, por sua vez, para ser realizado, precisa gerar metas. Em ambos os casos, tanto nos sonhos quanto nos objetivos, é muito comum que as pessoas queiram ter uma vida maravilhosa.

No entanto, para sonhar e conquistar o sonho, é necessário, antes de tudo, que a pessoa conheça muito bem os seus valores essenciais, aquilo que é importante em sua vida, aquilo que faz a sua vida valer a pena. São os valores que nos orientam durante a nossa caminhada e, quando esses valores estiverem bem definidos, podemos, então, identificar nosso "grande sonho", o que nos dá um verdadeiro propósito e nos direciona.

SETE PASSOS PARA DEFINIÇÃO DOS SEUS SONHOS

1º PASSO: SAIBA O QUE É IMPORTANTE EM SUA VIDA

O que te move? O que faz você levantar da cama todos os dias? O que você faria agora, se soubesse que o mundo fosse acabar no fim desse dia?

Ao responder às perguntas acima, o que é importante em nossa vida começa a ficar mais claro. A importância que damos às coisas está diretamente ligada aos nossos valores. Essa importância gera a qualidade e certifica as pessoas, as coisas etc. e a verdadeira perspectiva sobre o que é positivo ou negativo em nossas vidas.

Quando concentramos naquilo que nos importa mais e em nosso propósito de vida, passamos a ver o todo e não apenas os nossos objetivos pessoais ou materiais.

Entrando em contato com seus valores essenciais

Com base no livro *Envolvimento total*, do Dr. James Loehr

1. Imagine você aos 90 anos. Quais são os três maiores aprendizados mais importantes que aconteceram ao longo da sua vida e por que eles são tão cruciais?

_____

_____

_____

2. Pense em alguém de que você goste muito, que tenha admiração e respeito. Quais são as três maiores qualidades que você admira nessa pessoa?

_____

_____

_____

3. Quem é você em sua melhor forma?

_____
_____
_____

4. Em apenas uma frase, qual sua melhor descrição ao longo da sua vida, a que você gostaria de ver na sua lápide?

_____
_____

Após ter respondido às perguntas acima, convido você a fazer uma lista das coisas mais importantes que vierem à sua mente. Veja além dos seus bens materiais, das coisas que você tem. Vá além! Olhe para o seu ser e observe as sensações que se escondem atrás de cada item dessa lista. Por exemplo: ter dinheiro pode ser a coisa mais importante para uma pessoa. Ao pensar no dinheiro, ela pode imaginar-se se sentindo mais seguro, confiante, poderoso. Nesse sentido, muitas vezes não é o dinheiro que é o mais importante, mas é como a pessoa se sentirá ao tê-lo que é o mais importante. Ou, seja, o que de fato importa é o respeito e a segurança que o dinheiro pode trazer à pessoa.

A partir dessa lista, escolha cinco valores mais essenciais, aqueles que você não consegue nem se imaginar sem eles.

1. _____
2. _____
3. _____
4. _____
5. _____

Esses cinco valores são a essência verdadeira que dá significado à sua vida. São o que torna a sua vida mais gratificante todos os dias.

2º PASSO: PRATIQUE O BRAINSTORMING

O termo brainstorming define uma forma de gerar uma "tempestade mental" de ideias, o que, em outras palavras, podemos chamar carinhosamente de "toró de parpite".

Imagine uma garrafa de água com gás ou refrigerante após ser agitada, cheia de bolhas, todas efervescentes, loucas para sair. Imaginou? Agora pense que o refrigerante ou a água com gás é a sua cabeça, e as bolhas são suas ideias. Uma tempestade de ideias, de insights estimulando sua criatividade ao máximo!

Esse momento é extraordinário, uma sensação incrível, pois você pode ver que de dentro da sua cabeça podem sair ideias maravilhosas, inovadoras que podem revolucionar toda a sua forma de viver e nisso não há limite.

Antes de passar para o 3º Passo, dedique-se a fazer o exercício abaixo:

Praticando o brainstorming consigo mesmo

Pense em seus valores e faça uma lista de tudo que você deseja agora, que desejou no passado e que deseja no futuro (independente de conseguir alcançar ou não). Você pode registrar tudo abaixo.

3º PASSO: TENHA UM OBJETIVO GRANDE

Pare por um momento e responda às perguntas abaixo. Aqui não é necessário você pensar se é possível ou não. Simplesmente deixe fluir seus objetivos, seus grandes objetivos e liberte sua mente criativa:

1. Com que você sonhava ou desejava quando era criança?

_____

2. O que você queria ser quando crescesse?

_____

3. Pelo que você é tão apaixonado por fazer que até pagaria para isso?

_____

4. O que faria você se perder no tempo?

_____

5. O que você escolheria fazer se tivesse poucos recursos ou recursos limitados?

_____

6. Quem te inspira a ser melhor? Pode ser um personagem da História ou alguém que você admire muito.

_____

7. O que você faria se tivesse a certeza do seu sucesso?

_____

Agora que você já respondeu a essas perguntas, já poderá ter uma ideia sobre seus objetivos de vida, tornando-se mais consciente para eliminar crenças bloqueadoras e fortalecer crenças que podem levá-lo aos objetivos.

Imagine-se em todas as áreas da sua vida: pessoal, familiar, social, financeira, saúde, espiritual e responda às perguntas abaixo:

1. O que você quer de fato que aconteça em sua vida?

_____

_____

_____

_____

2. Você gostaria de aprender mais alguma coisa do que já aprendeu até hoje?

_____

_____

_____

_____

3. Quais habilidades novas você gostaria de ter?

_____

_____

_____

_____

4. Quanto dinheiro você quer ganhar? Aqui não vale informar muito, seja específico em valores financeiros e em qual moeda gostaria de ganhar.

_____

_____

_____

5. Quais traços em sua personalidade e em seu comportamento você quer desenvolver?

_____

_____

_____

_____

6. O que você escolhe como retribuição ao mundo?

_____

_____

_____

_____

A partir desse instante, quero que você comece a pensar no seu grande objetivo – assegure-se de que esteja de fato consciente e focado naquilo que deseja. É preciso focar no que deseja e não no que não deseja. Toda sua energia deve ser focada naquilo que você quer alcançar de fato – no positivo. Por exemplo: evite as afirmações negativas, como: "não quero ser gordo" e substitua pela afirmação positiva: "quero pesar x kg". Ou ainda: "Como posso me manter saudável e em boa forma?", ao invés de se perguntar: "Por que sou tão gordo?".

Para realizar o seu grande sonho, concentre-se naquilo que você quer e não naquilo que você não quer. Isso o ajudará a ver, criar, sentir, tocar, provar o que conseguiu. Ao concentrar-se diariamente naquilo que você quer, você estará condicionando a sua mente a atrair o foco de seu desejo 100% para você.

Conquistando meu maior objetivo

Para mim, as coisas que mais amo e as mais importantes no mundo são:

_____

_____

Se eu pudesse ser, ter e fazer qualquer coisa no mundo, eu:

4º PASSO: MENSURE SEUS ESFORÇOS

É importante medir os seus esforços para saber se você está alcançando o seu sucesso ou não, se está se aproximando ou se afastando do seu grande objetivo. Isso o manterá mais motivado, enquanto estiver na jornada para o alcance daquilo que deseja.

Faça as perguntas abaixo:

1. O que eu quero ver quando eu alcançar o meu sonho?
2. O que eu quero ouvir?
3. O que eu quero sentir?
4. O que eu quero tocar e provar?

5º PASSO: VENÇA AS INTERFERÊNCIAS E OS OBSTÁCULOS

Observar fatores impeditivos que podem surgir no meio do caminho e que possam interferir no alcance dos seus objetivos é de extrema importância para eliminá-los o quanto antes. Muitas vezes, estamos tão focados em nossos objetivos, que nem ao menos paramos para perceber que podem ser grandes obstáculos.

Ao projetar-se no seu estado desejado, no alcance do seu objetivo, faça a si mesmo as seguintes perguntas:

1. Quando eu penso no meu objetivo, ele é claro, perceptível, visível?
2. Eu me sinto o dono dos meus sentimentos ou eles são restritos?
3. Eu me sinto cada vez mais perto do meu objetivo ou ele está distante?
4. Eu sou dono do meu objetivo ou ele é de outra pessoa?
5. O que eu ganho se eu não conseguir viver esse objetivo?

Ao responder a essas perguntas, perceba se em sua mente vem alguma dúvida. Se isso acontecer, parabéns! Você acaba de descobrir o que pode te sabotar, ser um problema e impedir que você alcance seu grande objetivo.

Empodere-se do seu objetivo, meça seu sucesso e use todo esse aprendizado para realizar o que você tanto deseja, até que o simples fato de pensar nele encha seu coração de alegria e satisfação e o faça bater mais forte.

6º PASSO: TENHA UM CALENDÁRIO DE OBJETIVOS DE SUCESSO

Quanto tempo você acredita que precisa ter para viver o seu objetivo completamente? Um ano? Cinco anos? Dez anos? Toda a sua vida?

Como em uma Rota de Ação, vá até a data do seu objetivo realizado e comece a fazer marcos do final para o começo com tudo que aconteceu em cada marco durante o caminho. Anote-os. Esses são seus objetivos – os marcos conduzem o caminho para o alcance dos seus objetivos.

Nesse exercício, faça uma lista de no mínimo sete objetivos e coloque, para cada um, um prazo determinado. Ao escrevê-los, veja o que vai ver, sinta o que vai sentir, ouça o que vai ouvir, sentindo como será agradável quando atingir cada passo. Nesse momento, é importante que você tenha uma imagem clara e iluminada sobre cada um desses objetivos, como se eles já estivessem acontecendo agora, nesse momento.

7º PASSO: ACIONE OS SEUS MELHORES RECURSOS E EMPODERE-SE DELES

O que você precisa para alcançar os seus objetivos? Quais recursos materiais, pessoais, profissionais, externos?

Para acionar os seus recursos e sair da sua zona de conforto, liste abaixo a quantidade de recursos que você acredita ser suficiente e que estão a seu dispor para você alcançar seu grande objetivo:

OBJETIVOS PRINCIPAIS	EXPECTATIVA DE REALIZAÇÃO
1. Definir o nicho de palestras e temas de livros	Em 3 meses
2. Escolher uma palestra carro-chefe para ser vendida e escrever o primeiro livro	Em 6 meses
3. Gerar capital e poupar dinheiro das despesas atuais	Em 12 meses
4. Ter pelo menos 3 palestras carro-chefe e escrever no mínimo 2 livros por ano	Em 18 meses
5. Potencializar a venda das palestras e livros	Em 12 meses
6. Viajar para vários países para realizar o meu trabalho	Em 2 anos
7. Ganhar milhões com meus trabalhos e ser um líder de mercado em meu segmento	Em 5 anos

A partir desse exemplo, preencha o formulário da página seguinte:

RECURSOS			
CONHECIMENTO, HABILIDADES E TALENTOS	COMUNIDADE	DINHEIRO E CRÉDITO	BENS

Esse é o meu grande objetivo

Para mim, as coisas que mais amo e as mais importantes no mundo são:

1. Ter liberdade
2. Fazer a diferença
3. Ser reconhecido
4. Equilíbrio entre vida pessoal e profissional
5. Segurança

Se eu pudesse ser, ter e fazer qualquer coisa no mundo, eu...

Seria um palestrante e escritor bem-sucedido com poder de transformar muitas vidas, com minhas palestras, workshops e livros capazes de oferecer a melhoria das pessoas de forma consciente e sustentável.

Saberei que estou perto de alcançar o meu objetivo quando:

Estiver equilibrado financeiramente, saudável e recebendo depoimento das pessoas sobre o quanto eu impacto positivamente em suas vidas, o quanto suas vidas ficaram melhores após me conhecerem.

Eu quero experimentar a sensação de liberdade, prazer e alegria no que faço e ser bem remunerado por isso.

A partir desse exemplo, preencha o formulário a seguir:

Esse é o meu grande objetivo

Para mim, as coisas que mais amo e as mais importantes no mundo são:

_____

_____

_____

Se eu pudesse ser, ter e fazer qualquer coisa no mundo, eu...

_____

_____

_____

Saberei que estou perto de alcançar o meu objetivo quando:

_____

_____

_____

_____

_____

Para alcançar o sucesso, é preciso ensaiá-lo mentalmente todos os dias. Ele deve virar uma ideia fixa, sua rotina. Quando visualizar a si mesmo levando a vida de seus sonhos, você começará a criar caminhos mentais mais fortes para alcançar o sucesso que tanto almeja. Habitue-se a ele e o alcançará o mais rápido do que imagina.

Direcionando a sua vida

1. Pare por um momento e imagine-se vivenciando o seu objetivo com a maior riqueza de detalhes possível, como se ele fosse real. Como será a sua vida quando o seu objetivo se tornar realidade? O que você verá? O que ouvirá? O que as pessoas lhe dirão? O que você dirá a si mesmo?

2. Em seguida, lembre-se de tudo que você aprendeu para colocar seu objetivo em prática, tudo aquilo que deseja, o que realmente importa para você e qual é o seu maior objetivo para que você consiga planejá-lo, criando a sua semana ideal.

3. Como a sua semana começa? Imagine o tipo de pessoa que está ao seu redor, os lugares aonde você vai, as coisas que você já tem. Como se sente? Aonde vai diariamente? O que você faz diariamente? Quem são as pessoas que você encontra habitualmente? Quais são algumas das coisas que lhe permitem saber quando você é bem-sucedido?

4. A partir de agora, comece a viver a sua semana ideal até conseguir imaginar-se em cada um de seus detalhes com clareza. Sinta o prazer durante a realização desse processo, se lhe parecer o contrário, cansativo, faça uma pausa e retorne à atividade quando estiver completamente relaxado e puder deixar a sua imaginação fluir.

Tenha atitude

Essa é a hora de agir, de colocar a sua atitude para funcionar e T.B.C. (Tirar a Bunda da Cadeira) para conquistar o seu objetivo.

"Uma viagem de mil quilômetros começa com um primeiro passo".
Provérbio Popular

Ainda que seja um pequeno passo, ele é importante para você começar a sua caminhada.

Lembre-se sempre de que no instante em que você se dedica e foca em algo, tudo que você desejar conspirará em seu favor, a providência vem, o Universo responde.

METAS E OBJETIVOS PARA UM FUTURO EXTRAORDINÁRIO!

O austríaco Peter Drucker, pai da Administração Moderna, tem uma famosa frase que diz: "A melhor maneira de prever o futuro é criá-lo". Não sei se todos entendem bem o que isso quer dizer, pois muitas pessoas não acreditam em seu próprio futuro e, por isso, acabam não fazendo nada para conquistar seus sonhos e objetivos na vida, uma vez que, na realidade, não os têm.

Viver sem um norte, sem saber para onde está indo e deixar se levar apenas pelas circunstâncias pode ser um modo de vida, mas esta escolha te cobra um preço bastante alto. Ter metas e objetivos nada mais é do que trabalhar e agir, hoje, para conquistar seus alvos amanhã. Em resumo, é fazer seu futuro!

Certamente, não podemos prever tudo que nos acontecerá mais adiante, porém, podemos sim desejar e colocar nossas melhores energias, emoções e forças nos projetos que queremos realizar. Esta é a grande diferença, pois quando, por exemplo, entramos na universidade, podemos apenas querer concluir aquele período de quatro anos e nos formar em tal profissão, ou ser o melhor profissional que pudermos em nossa área de atuação.

As expectativas variam de acordo com cada pessoa, com sua história, com suas crenças positivas e, também, com as limitadoras. Algumas pessoas sonham alto e fazem desses sonhos um estímulo a mais para realizar seus desejos pessoais e profissionais. Para isso, traçam planos, definem caminhos, estratégias de ação e se colocam a trabalhar, com afinco, para ter suas metas concretizadas plenamente.

Outras, em decorrência de suas crenças limitantes e de seus comportamentos sabotadores, desistem de tentar, criam barreiras e param nas primeiras dificuldades. Deste modo, acabam deixando para trás os seus sonhos e se ressentindo de todos aqueles que decidiram continuar e vencer na vida. T. Harv Eker, autor do sucesso *Os segredos da mente milionária*, diz em seu livro, que essa é uma das características das pessoas de mente pobre.

Então vamos lá. Mude seu Mindset, não tenha medo de querer alcançar riqueza e prosperidade em sua vida e de construir um futuro maravilhoso para você e sua família. Tenha uma conversa interior, identifique suas motivações pessoais e profissionais e defina quais são as suas metas e objetivos de curto, médio e longo prazo. Em resumo, liste quais são seus alvos, seus sonhos para este mês, este ano e os próximos anos da sua vida e ponha-se a trabalhar por eles.

Saiba que todas as pessoas de sucesso que você admira também tiveram suas dificuldades na vida e que enfrentaram muitos desafios e percalços antes de conquistarem seus objetivos. Entretanto, tudo isso foi essencial para seu aprendizado, crescimento e amadurecimento como ser humano e o impulso que precisavam para seguir em frente.

Ninguém disse que seria fácil, mas nada é impossível para quem acredita verdadeiramente em si mesmo e nos seus sonhos. Ponha-se a caminhar, enfrente seus medos, encare as adversidades e os problemas como oportunidades e siga em frente. Seu futuro de prosperidade e riqueza espera por você, construa ele hoje e honre seu direito de ir buscá-lo. Permita-se!

TRÊS PASSOS PARA ALCANÇAR UMA VIDA EXTRAORDINÁRIA

1. Tenha uma direção clara. Qual é o seu sonho?
2. Tenha uma bússola bem alinhada. Quais são seus valores?
3. Tenha os marcos que você possa visitar pelo caminho, em direção ao seu destino final. Quais são seus objetivos?

"Quando você persegue os seus sonhos guiado por seus valores, milagres acontecem!"
Paul McKenna

EU VOU A

IR AGORA

AGIR É UMA DECISÃO

De que adianta mudar o caminho, se não mudamos o jeito de caminhar?

Todos queremos mudar alguma coisa na nossa realidade. A mudança é uma variável permanente em todos nós. Todos temos alguma insatisfação: seja estética, financeira, comportamental... ou talvez não chamemos isso de insatisfação, mas de sonhos: adquirir algo, fazer uma viagem, concluir uma etapa dos estudos, emagrecer, casar...

Sempre que você passear pela internet ou pelas páginas das revistas, você verá soluções milagrosas para quase todas essas questões. Para cada desejo do ser humano, há uma equipe de *marketing* trabalhando (de forma honesta ou não). Fato é que todos os nossos sonhos ou insatisfações podem se tornar produtos ou serviços, e nós adoramos quando isso acontece porque facilita a solução. Para mudar de emprego basta comprar isso ou para emagrecer basta tomar aquilo.

Em todos esses casos há um problema muito sério, a falsa crença de que as soluções para os problemas ou sonhos está fora de você. Está nas empresas, nos cursos, nos remédios... ou talvez na ideia de que você não consegue algo porque o mercado está em crise ou porque seu signo tem a característica de ser acomodado.

Acredite: para mudar algo na sua vida, você precisa agir. Para passar das palavras para a concretização é preciso AÇÃO.

Seus pensamentos são importantes, mas sem atitudes eles continuarão sendo apenas pensamentos. Seus sonhos são muito importantes, mas será que eles têm força suficiente para fazer você "tirar a bunda da cadeira"? Você é uma pessoa do HOJE ou do AMANHÃ?

Fico imaginando como a vida das pessoas seria difícil se elas decidissem agir. Isso pode ser aplicado a absolutamente tudo na nossa vida. Uma mulher que sofre algum tipo de agressão por parte do seu companheiro só se libertará dessa condição o dia em que decidir pedir ajuda. Uma que precisa emagrecer para reestabelecer sua saúde só conseguirá tal feito o dia que decidir se alimentar de modo diferente. Uma pessoa que quer mudar de profissão ou empresa, só vai conseguir o dia em que decidir assumir as rédeas da sua própria vida.

Ninguém está dizendo que é fácil sair de uma situação de inércia, mas eu tenho certeza de que você é capaz disso, se sua vontade for maior e mais poderosa que seu estado atual.

Procrastinar pode ser o seu hábito mais prejudicial. Entenda a importância do movimento na sua vida, nada que é estático pode gerar vida!

Não faça amanhã, faça agora! Não espere a "vida melhorar", aja para tornar a vida melhor. Não delegue decisões aos outros: decida você.

DE QUE ADIANTA
MUDAR O CAMINHO,
SE NÃO MUDAMOS O
JEITO DE CAMINHAR?

VOCÊ É UMA PESSOA DE AÇÃO?

Quero que você pense um pouco sobre como você costuma agir ou deixar de agir. As perguntas poderosas abaixo te ajudarão a compreender um pouco desse processo e a enxergar algumas situações que talvez você tenha dificuldade de ver.

Escreva suas respostas para cada uma delas. Seja sincero, e busque em suas mais profundas memórias.

1. Quais foram as duas ou três decisões mais difíceis que você teve que tomar na sua vida?

_____

_____

_____

_____

_____

_____

2. Qual delas foi a mais difícil? Por que ela foi difícil?

_____

_____

_____

_____

_____

_____

3. Quanto tempo você demorou para tomar essa decisão?

_____

_____

_____

_____

_____

4. Qual foi a última decisão importante que você teve que tomar? Quanto tempo você demorou?

_____
_____
_____

5. Qual decisão você não tem tomado? O que você vem procrastinando nos últimos tempos?

_____
_____
_____
_____
_____
_____

6. Qual o impacto dessa não decisão na sua vida? O que você tem perdido ou o que você tem deixado de ganhar por demorar tanto para agir?

_____
_____
_____
_____
_____
_____

7. O que te impede de começar agora?

_____
_____
_____
_____
_____
_____

CINCO LEIS DA REALIZAÇÃO

Pensando sobre como uma pessoa consegue transformar seus sonhos em realidade, em como ela sai de um estado de mero subjetivismo até a concretização, coloquei no papel o que eu chamo de "Cinco Leis da Realização".

São, na verdade, cinco tópicos sobre como é possível se tornar uma pessoa "realizadora". Essas cinco leis não são um "passo a passo" para fazer uma única coisa, mas uma indicação de como trabalhar a si mesmo para ser alguém que realiza tanto quanto sonha. Ser uma pessoa realizadora significa ser uma pessoa que consegue concretizar. É uma mudança de Mindset, é uma mudança na sua essência, no comportamento.

Essas cinco leis que você conhecerá agora vão fazer sentido se você compreender que elas são comportamentais, muito mais do que pragmáticas. Todos precisam de um pouco de pragmatismo, mas o pragmatismo vazio é incapaz de fazer mudanças em um nível mais profundo.

Mudanças em nível profundo exigem uma reflexão também em nível profundo, além de um conhecimento que possa ser transformado em uma crença positiva. Esse é o movimento extraordinário do *coaching*, um movimento de transformação na estrutura da nossa inteligência e da nossa alma.

1. TENHA CONSCIÊNCIA PESSOAL

Você é um ser consciente de si mesmo. Você conhece (ou precisa conhecer) seus potenciais, suas fraquezas, suas habilidades, seus saberes. Sendo assim, você sabe onde e como pode chegar aonde deseja. Toda pessoa realizadora é uma pessoa que goza de um profundo autoconhecimento.

É importante ter consciência pessoal ou autoconhecimento para compreender melhor a relação entre nossos potenciais e nossos limites. Isso nos dá força para chegar ao lugar máximo possível e ser grato por isso. Ajuda-nos também a empreender negócios que sejam mais próximos de nossa identidade e dos papéis que podemos desempenhar no mundo.

O autoconhecimento é a base para realizar qualquer coisa na vida. Mas lembre-se: nem se subestime demais acreditando que você tem pouca força e poucos recursos internos e externos, nem se engrandeça tanto, acreditando que você é quase um super-homem irreal e inalcançável.

A realidade é o princípio. O sonho dentro de uma realidade possível, mesmo que ela esteja longe do lugar onde você está agora.

2. VALORIZE O QUE VOCÊ JÁ REALIZOU NA VIDA

Todos nós já realizamos alguma coisa na vida. Mesmo que seja algo comum e corriqueiro, é sempre uma realização. Algumas pessoas não entendem, por exemplo, o entusiasmo das mães com os feitos dos seus bebês. Tudo é motivo de festa! O bebê falou a primeira palavrinha, aprendeu a andar, terminou o primeiro ano de escola! Viva! Mas todos fazem isso, não? Para aquele ser, cada evento é único.

Acreditar que nunca fez nada de valoroso é uma forma dolorosa e pouco útil de começar a caminhada. Se você honrar a sua história e se alegrar com o que já realizou, acreditará que pode mais, pois não estará na estaca zero.

A sua vida, assim como ela está hoje, mesmo que não seja o ideal que você sonhou, já é, por si só, um recado do universo. Sua vida, assim como está, é uma dádiva; ela já é, por si só, uma realização. Se você não reconhecer tudo o que já fez, desvalorizará todos os benefícios que já recebeu dessa vida.

Se você tem algo a realizar, reconheça aquilo que já realizou.

3. APRENDA SOBRE O CAMINHO A SEGUIR

Querer realizar algo pressupõe um caminho a seguir. Um grande amigo sonhava em ser atleta, um grande corredor e saltador. Mas ele nunca havia praticado esportes, apenas admirava os esportistas pelas mídias, enquanto desejava estar entre eles. O que fazer para ser um atleta? Primeiramente, conhecer o que um atleta faz.

Há duas especializações maravilhosas que lidam com *coaching* vocacional e também com replanejamento de carreira. Quando um *coachee* entende que o melhor caminho profissional é, por exemplo, na área da publicidade, surge a pergunta: o que faz um publicitário? Como me torno um?

Se quero me tornar um milionário, um atleta, um artista, um empreendedor, um chef de cozinha, em todos esses casos é preciso entender o caminho até esse objetivo. As perguntas que ajudaram a desvendar esse caminho são simples para os *coaches* formados. Mas, sem saber o caminho, não adianta saber o destino.

Adoraria chegar a Salvador, mas qual é o caminho? Adoraria abrir uma empresa de tecnologia, mas como o faço? Por isso, é importante compreender o caminho tanto quanto escolher o destino.

4. PRECISAR E CONTAR COM OS OUTROS

Aprenda que ninguém realiza nada grandioso na vida estando sozinho. Sabe aquele grande atleta que você admira? O que seria dele sem o treinador, os patrocinadores, os massagistas? E aquele grande cantor? O que seria dele sem os compositores das músicas, sem os músicos que fazem os arranjos e os acompanham nos shows? E o grande empresário em quem você se inspira? Ele trabalha sozinho? Tenho certeza que não!

Mas, muitas vezes, nosso egoísmo e nossa falta de sociabilidade e, principalmente, nossa falta de gratidão, dão-nos a falsa ideia de que podemos fazer tudo sozinhos, conquistar tudo sozinhos. Basta olhar ao redor e perceber que todo grande sucesso é fruto de boas parcerias.

Não tenha vergonha, receio ou orgulho de pedir ajuda às pessoas. Se há alguém que pode lhe ensinar algo que você não sabe, busque. Todo grande sucesso tem a participação de um mentor, conselheiro ou padrinho. Não se sinta diminuído por isso.

Pessoas realizadoras sabem se relacionar e sabem ser gratas com quem as ajuda. Também sabem ajudar.

5. DIMINUIR A DISTÂNCIA ENTRE O TEMPO DO SONHO E O DA AÇÃO

O tempo do sonho não pode ser distante do tempo da ação. Quanto mais você demora a agir, mais o sonho se torna um devaneio, distante e complexo de realizar. Torna-se inalcançável, mais próximo de um delírio do que de um objetivo.

Colocar o estado desejado distante do estado atual é um erro que jamais se deve cometer. Lembre-se de que o único tempo que existe é o tempo presente e tudo tem que ser resolvido no tempo presente. O futuro é uma expectativa e o passado é uma percepção.

Se aquilo que você considera um sonho se transformar em uma ação hoje, agora, você vai ter a certeza de que seu sonho se transformou em um objetivo, e todo objetivo pode ser realizado.

Tornando-se uma pessoa realizadora

1. Qual sonho você quer realizar, transformando-o em um objetivo? Pode ser quantos você quiser.

_____

_____

2. O que você pode fazer hoje, neste momento, para ser a primeira ação na realização desse sonho?

_____

_____

3. Você se compromete a realizar essa ação imediatamente? Você se sente suficientemente preparado para se tornar uma

pessoa realizadora, que cria sua própria realidade e se conecta com o melhor do Universo em prol de seus sonhos?

☐ SIM   ☐ NÃO

Você se sente merecedor(a) de realizar os seus sonhos?

☐ SIM   ☐ NÃO

Se você acredita que pode transformar a energia do sonho em energia material, concreta, real, você deve começar agora. O agir não pode estar distante do sonhar. Não esqueça: para Santo Agostinho, o tempo existe nas coisas do Universo, mas existe principalmente na mente do homem, porque é nela que se mantêm presentes tanto o passado quanto o presente e o futuro.

LISTA DE AÇÕES EM SETE NÍVEIS

Os sete níveis da Pirâmide do Processo Evolutivo são essenciais para formular uma estratégia de ação. Escreva abaixo quais ações você pode planejar em cada um dos níveis para fazer com que o que você tem aprendido e sentido se tornem práticas concretas, a única forma capaz de atuar sobre a mudança de hábito e de consciência das pessoas.

1º NÍVEL: SUPERFICIALIDADE / AMBIENTE

Quais ações você pode tomar para que os ambientes em que você atua sejam lugares de energia positiva, com um clima de entusiasmo e paz?

Exemplo:
"Vou limpar meu escritório, aumentar o número de plantas e passar a abrir mais as janelas para entrar a luz do Sol."
"Vou investir na minha casa para sentir mais conforto e aconchego no meu lar."

2º NÍVEL: RELACIONAMENTOS / COMPORTAMENTO

Quais ações você deve tomar para que o seu comportamento e as suas atitudes construam bons relacionamentos com as pessoas? O que você identifica no seu comportamento que prejudica sua felicidade e harmonia com os demais?

Exemplo:

"Vou passar a sorrir mais e a cumprimentar as pessoas, pois sempre ando cabisbaixo e irritadiço."

"Evitarei ao máximo o instinto de discussão, pois costumo ser o causador de muitas brigas em casa e no trabalho."

_____

_____

_____

_____

_____

_____

_____

_____

3º NÍVEL: CONHECIMENTOS E HABILIDADES

Quais atitudes você pode tomar para desenvolver seus conhecimentos e habilidades, tanto para sua autoestima e desenvolvimento pessoal, quanto para chegar ao estado desejado de prosperidade?

Exemplo:

"Ligarei hoje para me matricular no curso de inglês que já venho protelando há um ano."

"Vou escrever e publicar um capítulo de um livro."

_____

_____

_____

_____

_____

_____

_____

_____

_____

4º NÍVEL: SIGNIFICADO / CRENÇAS E VALORES

Quais crenças limitantes você precisa abandonar agora? Quais valores você precisa rever para que consiga julgar menos as pessoas e a si mesmo? Como pode trabalhar para ter uma consciência mais positiva de você mesmo e dos outros?

Exemplo:

"Vou escrever todas as coisas negativas que ouvi sobre mim em um quadro e ressignificar uma a uma."

"Vou identificar e me livrar de todos os meus preconceitos e crenças que desrespeitam e julgam as pessoas."

_____

_____

_____

_____

_____

_____

_____

_____

5° NÍVEL: MEUS PAPÉIS NO MUNDO / IDENTIDADE

O que você pode fazer para que os papéis que você desempenha sejam mais verdadeiros e representem cada vez mais aquilo que você realmente é?

Os papéis que você desempenha no mundo são realmente importantes para definir sua identidade? Você ama desempenhá-los?

Exemplo:

"Vou conversar abertamente com meu filho para saber que imagem eu passo como pai/mãe."

"Vou trabalhar em outra área, porque essa não me representa, esse papel não está ligado à minha identidade."

_____
_____
_____
_____
_____
_____
_____

6° NÍVEL: PERTENCIMENTO / POSICIONAMENTO

Eu realmente me sinto pertencente aos lugares em que trabalho, estudo, moro, convivo? O que você pode fazer para aumentar sua sensação de pertencimento e também aumentar os vínculos com esses grupos?

Exemplo:

"Não me sinto pertencente à igreja que frequento, vou encontrar um lugar em que eu me sinta mais acolhido."

"Sinto que me afastei dos meus amigos. Vou convidá-los para um encontro para me integrar novamente ao grupo."

7º NÍVEL: LEGADO / ESPIRITUALIDADE

O que você pode fazer para que sua vida deixe uma marca? Quais atitudes você precisa tomar para atuar em um nível maior, mais sistêmico, contribuindo para todo o Universo e não apenas para você?

Exemplo:

"Vou integrar um trabalho social e ajudar as pessoas com uma determinada habilidade que eu tenho."

"Vou implantar um projeto de sustentabilidade na empresa para gerar consciência ecológica e ajudar a salvar o planeta."

A CIÊNCIA DA FELICIDADE

Você já conhece a Psicologia Positiva? Caso não, te digo em poucas palavras que se trata de uma vertente da Psicologia que não trata dos problemas que as pessoas têm, mas das potencialidades que elas podem desenvolver. O foco na potencialidade e não no trauma, na doença, visa principalmente ao bem-estar e à tão almejada felicidade.

É importante antecipar uma coisa: esse tema está no nosso último capítulo porque quero te dizer que felicidade não é um prêmio que alguns ganham e outros não. Felicidade ou bem-estar subjetivo é o resultado das nossas ações ou não ações. Ou seja, sua felicidade e bem-estar dependem diretamente das coisas que você fez ou deixou de fazer na vida.

O nosso primeiro grande desafio é compreender a felicidade. Afinal, felicidade nunca é a mesma coisa para todo mundo e o padrão de felicidade está evidentemente vinculado a fatores externos, como nosso imaginário, criado pelos filmes e estórias infantis ou não, pelo dinheiro e pelo estatuto da mídia.

Se você perguntar o que é felicidade para dez pessoas e o que as deixa felizes, certamente terá dez definições diferentes.

A felicidade é tomada como sinônimo dos termos bem-estar subjetivo e afeto positivo. Não há uma preocupação em definir de forma fixa e rígida o que vem a ser felicidade, justamente porque se pretende trabalhá-la em sua instância subjetiva. Para além da busca pela satisfação a qualquer preço, o que está em jogo é o cultivo de emoções positivas para a promoção do bem-estar.

Logo, felicidade não é apenas a ausência de tristeza. A relação de oposição nesse caso não deve ser direta, embora estejam correlacionadas. A felicidade está vinculada ao cultivo de certo grupo de emoções e estados cognitivos positivos. Como emoções, sentimentos e a cognição são internas ao ser humano, é um grande erro entender que a felicidade pode ser encontrada em fatores externos, muito embora sejam alguns estímulos externos que desencadeiem a sensação de bem-estar.

Pessoas mais felizes são aquelas que estão cotidianamente em busca por aumentar a frequência com que as emoções e sentimentos positivos emergem durante sua jornada profissional e familiar.

A felicidade exige prática. Não é algo como uma benção ou uma dádiva. Mesmo que muitos estudos mostrem o "gene da felicidade", está também comprovado que é possível, pela mudança de comportamento, visão de mundo e linguagem, estar constantemente em situação de bem-estar subjetivo com a emergência de sensações de prazer.

A felicidade não é, então, algo repentino e efêmero. Ela vem, segundo alguns dos principais filósofos gregos de um trabalho que o indivíduo faz em si mesmo, podendo ser alcançada pelo exercício daquilo que consideramos virtuoso, bom e realizador.

8 ATIVADORES DA FELICIDADE

1. Ter objetivos claros

Ter metas e objetivos claros nos faz agir hoje para conquistar sucesso, prosperidade e resultados extraordinários em nossa vida. Não sei se todos entendem bem o que isso quer dizer, pois muitas pessoas não acreditam em seu próprio futuro e, por isso, acabam não fazendo nada para conquistar seus sonhos e objetivos na vida, uma vez que na realidade não os têm.

Viver sem um norte pode ser, sim, um estilo de vida. Isso, porém, pode lhe custar o que você tem de mais valioso. Por que não trabalhar e agir, hoje, para fazer seu futuro? Não podemos prever o futuro, mas podemos, sim, colocar nossas melhores energias, emoções e forças naquilo que pretendemos realizar.

Não tenha medo de querer alcançar riqueza e prosperidade em sua vida e de construir um futuro maravilhoso para você e sua família. Tenha uma conversa interior, identifique suas motivações pessoais e profissionais e defina quais são as suas metas e seus objetivos de curto, médio e longo prazos. Em resumo, liste quais são seus alvos, seus sonhos para este mês, este ano para os próximos anos da sua vida e ponha-se a trabalhar por eles.

2. Fazer o autofeedback contínuo

O autofeedback pode ser considerado uma autorretroalimentação, uma resposta a si próprio, um retorno para si mesmo. Isso é possível por meio do autoconhecimento e de uma viagem longa para dentro de si mesmo através da utilização de perguntas poderosas, capazes de levar você a uma reflexão profunda.

Para que o cérebro saiba que está no caminho certo, é importante a prática do autofeedback. Isso o ajudará a funcionar em sua capacidade máxima fazendo ajustes constantes no caminho rumo aos seus objetivos.

Na prática, isso oportuniza um processo de autorreflexão do que deve ser trabalhado para que possamos alcançar nossos anseios profissionais e pessoais e nos proporcionar evolução, autodescoberta e empoderamento.

Quando olhamos para dentro de nós mesmos, somos capazes de reconhecer nossas qualidades e nossas falhas, tornando-nos mais tolerantes em relação às pessoas, o que melhora muito a qualidade de nossos relacionamentos interpessoais.

3. Ter foco na ação executada

A importância de ter foco na vida é uma questão muito em voga e bastante estudada e discutida nos dias atuais, afinal, depois da internet, nossa capacidade de concentração nunca mais foi a mesma. De fato, estamos ao mesmo tempo em todos os lugares e, às vezes, em lugar nenhum.

Comunicamo-nos muito por WhatsApp, pelas redes sociais, por e-mail e bem menos presencialmente. Quantas vezes vemos um grupo de amigos reunido, todos "calados" e conversando apenas pelos aplicativos no smartphone. Sinal dos tempos! Segundo o PhD Daniel Goleman, famoso psicólogo norte-americano, atenção/concentração/foco funciona como um músculo: se não o utilizamos, atrofia. Mas se o exercitarmos, ele se desenvolve e fortalece continuamente.

Por isso, todos nós precisamos desenvolver foco na vida para não sucumbirmos à enorme quantidade de distrações que temos atualmente. E, especialmente, para não perdemos boas oportunidades de crescimento em nossa vida pessoal e profissional.

É o foco, este estado poderoso de atenção concentrada, que faz com que uma ginasta consiga executar movimentos perfeitos em cima de uma trave com apenas 10 centímetros de largura. Isso, combinado a uma intensa preparação, é o que transforma pessoas comuns em pessoas extraordinárias.

4. A possibilidade do sucesso

Se quisermos transformar alguma coisa em nossa vida em resultados, precisamos, antes de tudo, ter esperança de que é possível alcançá-los, ou seja, de que teremos sucesso, e êxito naquilo a que nos dedicamos.

Nossa possibilidade de sucesso aumentará se tivermos dentro de nós esperança de que seremos capazes de completar aquilo que começamos, quer seja um projeto, uma tarefa ou ações específicas, agora ou no futuro.

Ter atitudes como preparar-se, ter ações diárias e convidar outras pessoas a participar de nossos objetivos e sonhos não apenas nos aproxima do sucesso real, mas também o torna mais incrível em nossas mentes e nossos corações. Isso estimula a vontade de vencer, tornando o caminho para o sucesso mais visível.

5. Entregar-se totalmente à jornada

As melhores experiências que temos acontecem ao longo da nossa vida. Ao caminhar até um objetivo desejado, é preciso apreciar cada passo do percurso, pois a jornada é o que nos levará além de onde queremos chegar.

Ao estarmos 100% envolvidos naquilo que nos dispomos a fazer, mas não apenas no destino pelo destino, vivenciaremos cada atividade como sendo única e teremos satisfação e um envolvimento maior com o que estamos fazendo.

Quando fazemos algo não apenas porque acreditamos, ou porque nos tornará melhores, ou não apenas porque ganharemos mais dinheiro, reconhecimento e recompensas, mas pelo simples fato de amarmos o que estamos fazendo, aumentamos a possibilidade de experimentar o percorrer, o fluxo.

Envolver-se na jornada é o que nos traz felicidade. Veja tudo o que tiver que ver, ouça tudo que tiver que ouvir, sinta tudo que tiver que sentir. Não desista! Tenha fé e esperança. Aproveite a paisagem e todas as recompensas virão por acréscimo.

6. Não se intimide

A inibição é algo que temos desde a infância. Ao chegarmos mais ou menos aos 5 anos de idade, começamos a nos julgar a partir do olhar do outro e do que falam para nós ou a nosso respeito. A partir daí, por meio de situações em que nos envolvemos, a inibição se torna mais forte, deixando-nos tímidos diante do que nos acontece. Para alcançar a felicidade, é preciso ser mais ousado e não se intimidar.

Quando somos capazes de estar totalmente imersos na jornada, nossa caminhada se torna a nossa maior motivação, geramos um estado de prazer maior e o que fazemos se torna muito mais interessante do que o que as outras pessoas pensam ou falam a nosso respeito. Nossa convicção e determinação aumentam à medida que nos entregamos totalmente, sem medo de sermos felizes.

7. Tenha controle

Quando aumentamos a nossa sensação de controle sobre algo, aumentamos também a nossa sensação de bem-estar, além da saúde física e mental. Isso porque aumenta a nossa responsabilidade, a sensação de que estamos sendo úteis. Mas controlar não significa oprimir nem a si mesmo nem aos outros.

Segundo um estudo do New York Times, dar maior controle a homens e mulheres que vivem em casas de repouso os deixou mais felizes, mais alertas e – talvez o mais importante – diminuiu a taxa de mortalidade, ao longo de um período de dezoito meses, em cerca de 50%. Isso foi feito por meio de pequenas mudanças como, por exemplo, permitir que os residentes decidissem o que queriam comer em suas refeições, o que fazer quando o telefone tocasse ou simplesmente como gostariam que fossem posicionados os móveis em seus quartos.

O simples fato de sonharmos acordados e podermos fazer nossas escolhas, por mais irrelevantes que elas pareçam, aumenta a nossa satisfação e o prazer de viver, o que aumenta também a possibilidade de experimentar a felicidade em nossa vida diária.

Fazer nossas próprias escolhas nos dá segurança, e segurança nos dá tranquilidade, mas saiba viver os momentos inesperados, porque eles também nos fazem felizes.

8. Atemporalize o tempo

O tempo é uma metáfora. Isso é filosófica e fisicamente verdade. Há muitas formas de medir o tempo e essas formas estão vinculadas às culturas. Na cultura do "tudo é para ontem" e do "estou atrasado", o tempo é uma ferramenta de controle, mas isso não é o tempo em si, mas a forma como você vê e se relaciona com o tempo.

O tempo é atemporal, é relativo. Transformar minutos em horas ou horas em minutos também está ligado ao que gostamos de fazer ou fazemos naturalmente, sem perceber. Você já se pegou fazendo algo e se perdeu no tempo, porque ele passou depressa demais? Também já se pegou fazendo algo de que não gosta tanto e o tempo pareceu ser seu pior inimigo, passando muito devagar?

Algumas atividades podem ser feitas de maneira tão prazerosa que o tempo se torna curto, como praticar esportes, ler livros que te interessam, desenhar, dançar, ouvir uma música de melodia agradável, comer um prato saboroso, viajar por um lugar desconhecido. Isso tudo prende nossa atenção, nosso foco, levando-nos a pensamentos e sentimentos novos, prazeres e sensações diferentes.

Por isso, crie seu próprio tempo para não ser refém do tempo dos outros.

EQUILÍBRIO ENTRE DESAFIOS E CAPACIDADE

Os desafios nos ajudam a encontrar, dentro de nós, aquilo que não sabíamos que tínhamos.

Primeiro, pense sobre o que significa, para você, um desafio.

Desafios são diferentes para cada um porque nós temos nossas habilidades e nossos recursos internos e esse universo interior é único. Uma coisa que parece ser corriqueira para uma pessoa pode ser extremamente desafiadora para outra.

Alguém pode se sentir extremamente desafiado quando é convidado a gerenciar uma pequena loja de roupas, enquanto outros podem considerar isto uma tarefa cotidiana, ou até mesmo enfadonha e desestimulante. Logo, não podemos entender os desafios como algo único, cada um é desafiado à sua maneira.

Fato é que temos nossos próprios sentimentos de desafio, mas quando estamos diante de algo que nos parece desafiador, pensamos: será que eu vou ser capaz disso? Será que tenho as condições necessárias para concluir essa tarefa?

Tudo que parece desafiador só o é porque duvidamos de nossas capacidades, habilidades e conhecimentos. Os desafios são desafios porque não temos certeza de que somos capazes. Logo, todo desafio desafia nossa capacidade de realizar algo. E isso desencadeia, automaticamente, o medo do fracasso e da frustração.

Quando estamos diante de um desafio que consideramos muito grande, questionamos nossa capacidade de lidar com ele. Por outro lado, quando descobrimos que temos os recursos necessários, quando vamos em busca das habilidades para vencer esse desafio, aumentamos nossa autoestima e nosso poder realizador.

A vida é um constante enfrentamento entre os desafios e a nossa capacidade de superá-los. Um processo contínuo de abertura, amplitude e consolidação dos nossos ganhos e aprendizados. Nesse sentido, como podemos nos planejar e adequar a nossa experiência para assegurar que teremos um maior êxito em nossas tarefas e escolhas?

Só podemos fazer isso ajustando a nossa percepção em relação ao tamanho do desafio que vemos e a nossa capacidade de vencê-lo. Dessa forma, será possível recriar nossas experiências para que alcancemos uma performance ideal.

1. DIVIDA SEU GRANDE OBJETIVO EM PEQUENAS METAS

Assim como sonhar alto é possível, transformar esses sonhos em realidade também é. Mas, para isso, é importante que eles sejam divididos em pequenas metas. Pesquisas sobre felicidade demonstram que reduzir a complexidade das metas e enfocar num objetivo que desejamos alcançar pode transformar o maior desafio, o desafio mais assustador, em uma aventura divertidíssima.

Exemplo: ser chamado para ajudar a resolver um grande problema de última hora.

"Saiba precisamente qual é o problema. Situação atual e situação desejada. Levante as alternativas para resolver o problema no estado atual, recursos, possibilidades, responsáveis, prazo. De todas as alternativas, comece pelas mais simples e vá aumentando a solução à medida que o problema for sendo resolvido. Uma outra possibilidade é centralizar na solução principal que resolverá o maior número de problemas dentro do problema maior. Feito isso como solução imediata, analise a causa do problema com cuidado, levantando todas as possibilidades para que ele não ocorra novamente, e busque soluções de curto, médio e longo prazo para solucioná-lo de forma que não volte mais a ocorrer".

2. REUTILIZE OS SUCESSOS DO PASSADO

Se você já conseguiu alcançar muitas coisas em sua vida, já teve êxito no que se propôs a fazer, significa que você fez muitas coisas que deram certo e que, em alguns casos, podem ser repetidas.

Quando você foca no que faz e está dando certo, as chances de fracasso diminuem e a percepção de suas habilidades aumenta. Com isso, será possível eliminar os obstáculos do caminho e fluir em sua jornada.

Exemplo: convidar uma pessoa por quem você é apaixonado para um jantar a dois.

Se você já teve relacionamentos estáveis e duradouros que deram muito certo, lembre-se do primeiro encontro, do que fez para dar certo, quais eram as atitudes que fortaleciam o relacionamento, o que a pessoa mais gostava que você fizesse para ela, como você agia. Como foi seu primeiro encontro, seu primeiro jantar com essa pessoa, o que você disse para ela e que deu certo.

Na ocasião, quando a pessoa disse sim, o que você sentiu, o que tornou esse desafio positivo, animador?

E AGORA, O QUE FAZER?

Muitas pessoas, ao se depararem com um problema, resgatam o que alguns psicólogos chamam de "estresse de fundo" – o estresse guardado no inconsciente. No entanto, para que o fluxo possa funcionar e as soluções se tornem possíveis, ao invés de resgatar esse "estresse de fundo", o ideal é que resgatemos a chamada "felicidade de fundo", que é a base para resolver qualquer problema com tranquilidade e pensamento positivo.

Ao buscarmos essa felicidade no fundo do nosso ser, também reforçamos que na vida tudo é possível, o inconsciente faz tudo o que pode para nos ajudar e podemos resolver qualquer situação de forma saudável e enriquecedora.

Toda vez que vivenciamos um estado de felicidade em nossa mente e ele fica armazenado, temos a possibilidade de gerar um fluxo, que é um estado neuropsicológico, ou seja, um conjunto de impulsos elétricos no cérebro e de mudanças químicas no corpo.

Ficam registradas de forma multissensorial na mente e no corpo, como exatamente o fluxo surgiu, como criou tal estado.

No exercício abaixo, você aprenderá a guiar a sua mente inconsciente para que ela procure e descubra todas as situações do seu passado em que você experimentou o fluxo de felicidade. Em seguida, você registrará tudo que aconteceu nesse estado para reutilizá-lo sempre que precisar. A partir daí, tudo que você se propor a fazer acontecerá naturalmente, pois você estará plenamente envolvido e perceberá que essa experiência será repleta de satisfação e realização. Lembre-se sempre de que nosso cérebro não distingue o que é real do que é imaginário. Então, ouse ir além e o poder lhe será dado!

Resgatando seu fluxo de felicidade

1. Vá para o seu local seguro. Algum lugar em que se sente confortável.
2. Sente-se numa posição confortável. Então feche seus olhos, respire fundo e relaxe, até que todo o seu corpo se sinta leve.
3. Lembre-se de um momento em que você sentiu em flow, em uma felicidade tão grande, que se sentiu plenamente realizado. Veja o que você viu, ouça o que você ouviu, sinta o que você sentiu. Perceba quais sentimentos esse estado de fluxo lhe traz, quais sensações, o quanto era agradável.
4. Amplie esse estado. Torne-o maior, mais intenso, mais vibrante. Veja as imagens de forma mais nítida, torne o som do que você escuta mais audível, mais presente, e sinta o que sentiu de forma palpável. Fixe essas sensações com uma âncora que deseja utilizar. Pode ser um elástico no seu braço, uma frase que goste muito ou simplesmente apertando sua mão direita na sua mão esquerda, como se estivesse entrelaçando as duas. Isso, vai lá! O seu jeito é o jeito certo!
5. Agora, convido você a repetir tudo, veja o que viu, ouça o que ouviu, sinta o que sentiu, toda a sensação de prazer, de satisfação ao vivenciar esse fluxo novamente.
6. Nesse momento, encontre outra situação em que experimentou o mesmo fluxo e repita-o passa a passo: veja o que viu,

ouça o que ouviu, sinta o que sentiu, repetindo toda a satisfação sentida e o tanto que foi agradável esse estado para você.

Ao repetir esse exercício diariamente, você irá programar a sua mente e ampliar as suas sensações de bem-estar e satisfação para levá-lo até a zona de fluxo com mais rapidez, tornando-se capaz de tomar atitudes mais assertivas, falar as coisas de maneira mais correta e raciocinar com mais facilidade.

Estimule a sua mente inconsciente a desencadear esse estado de fluxo durante todo o dia. Ao experimentar esse fluxo por maior tempo, os caminhos neurais em seu cérebro criarão uma "felicidade de fundo" que se tornará cada vez mais forte, até que flua naturalmente.

A DIFERENÇA ENTRE PRAZER E SATISFAÇÃO

Prazeres estimulam sensações que gostamos, que são agradáveis. Satisfação vai além de agradar ao corpo, ela agrada à alma.

Saber diferenciar um do outro é essencial para que possamos colocar no topo de nossas vidas o que realmente importa. O prazer pode nos dar uma satisfação momentânea e tende a ser colocado no topo como prioridade, levando-nos a acreditar que não precisamos de tantos esforços para conseguirmos uma vida tão boa quanto mereceremos. As consequências disso não podem ser tão boas com o passar do tempo, pois muito do que denominamos de boa vida pode não ser tão boa assim, se for apenas do ponto de vista do prazer. Já a satisfação eleva o nosso nível de consciência para percebermos o que realmente nos agrada ou não, o que verdadeiramente nos traz felicidade.

Para criar uma vida mais feliz, gratificante e satisfatória, siga estes três passos simples:

1. Permita-se

Viva a sua vida sem culpa. Quando você se permite usufruir do que conquistou e viver uma vida sem culpa, automaticamente você terá satisfação naquilo que possui, que conquistou, que é seu por direito. Desfrute de cada vitória que alcançou e não perca tanto tempo se vigiando. Comece a dedicar mais tempo a se desafiar. Não se acomode com menos do que você merece. Permita-se ir além e o poder lhe será dado!

2. Use seus pontos fortes a seu favor

Foque em seus pontos fortes e, assim, ficará mais fácil de administrar seus pontos fracos. Isso fará com que seu desempenho seja melhor e sua satisfação aumente. Existem várias ferramentas capazes de te ajudar a conhecer seus pontos fortes e usá-los a seu favor. O "feedback 360 graus" é uma dessas ferramentas, pois pode trazer respostas a partir da visão que os outros têm sobre você e te dará a clareza a partir dessa visão, até que você, por si só, possa fazer seu autofeedback e identificar o que ainda tem que melhorar em si mesmo.

3. Realize no mínimo uma atividade difícil diariamente

Ao ser interpelado por um repórter para que resumisse seu trabalho, ele lhe respondeu: "Todos os dias, as pessoas felizes fazem pelo menos uma tarefa difícil".

Ao realizar uma tarefa difícil, a sensação de satisfação e realização aumenta. O ser humano é movido a desafios, sem eles, a vida perde o sentido, a graça. Ao realizar uma tarefa difícil diariamente, você poderá perceber o quão além você será capaz de ir e alcançar resultados cada vez melhores em sua vida, com senso de significado. Isso é o que chamo de verdadeiro poder. Aquele que é capaz de nos moldar e de nos fazer ir além do que consideramos limites.

COMPROMETIMENTO

O comprometimento é essencial para o sucesso e bom andamento de qualquer atividade que você se propõe a fazer, seja na vida pessoal, seja na profissional.

O comprometimento e a responsabilidade andam juntos. Ser comprometido significa cumprir o que se dispõe a fazer, honrar os compromissos assumidos, respeitar as pessoas, ter orgulho do que se faz e, principalmente, do que se representa.

Você pode ser comprometido consigo mesmo, com a sua família, com seus amigos e até com a natureza. No entanto, é importante se comprometer apenas com aquilo que pode entregar ou cumprir. Caso não possa, tente compreender os motivos da falta de comprometimento e sempre se mostre útil a todos.

Para você manter a mudança que alcançou ao longo dessa leitura, é importante que você se comprometa com seu sucesso, com o melhor que você pode ser. Conclua o que começou. Só será possível alcançar o êxito se você acreditar que pode e se comprometer com determinação e garra.

Comprometer-se significa fazer uma promessa. Uma promessa que você faz a si mesmo e cujo cumprimento trará benefícios para você. Comprometimento é sinônimo de engajamento e, por conseguinte, de ação. Uma pessoa comprometida e engajada é alguém que faz acontecer, que "tira a bunda da cadeira". É alguém que sabe que deve se transformar e evoluir e age para que isso aconteça.

Comprometimento: adesão a uma ideia, uma causa, uma tarefa. Alto nível de engajamento, entusiasmo com a realização de algo. Forte identificação com um propósito.

Assumir fortemente um compromisso com alguém ou consigo mesmo.

Disposição para agir de uma determinada maneira, podendo ser resultado de um feedback ou de uma mudança comportamental.

Conjunto de sentimentos e reações positivas com relação a algo.

Crença em um determinado conjunto de valores, empenho em propagar uma determinada causa ou comportamento.
Relação entre um indivíduo e alguém ou alguma causa.

MUDANÇAS & SELF-EMPOWERMENT

Quando crianças, todos queremos ser super-heróis. Alguns, a bem da verdade, não deixam de sonhar com isso nem depois de velhos. E nem adianta virem apenas com a capa vermelha e a roupa estilizada, não. O que todos querem ao dar vazão a esse sonho quase coletivo é ter os superpoderes sem os quais nenhum super-herói faz jus ao nome.

Seja voar, ficar invisível, mover as coisas apenas com o pensamento, teletransportar ou possuir uma força sobre-humana, o que se busca, no fim das contas, são capacidades ou habilidades que representem um poder a mais em relação aos nossos semelhantes. Como em outras dimensões da nossa vida, o que fala mais alto no fascínio que em geral nutrimos por esse universo é a busca pelo poder.

Mas a busca por poder que muitas vezes nos conduz aos excessos, pecados e tropeços diversos, se bem trabalhada, transforma-se no melhor combustível que podemos ter para trilhar os caminhos da vida. Quando nos sentimos seguros e assumimos com convicção que somos capazes de realizar o que parece dificílimo aos olhos dos outros, empoderamos-nos de dentro para fora. É um poder que desabrocha em nós, e não depende de estímulos externos, mas de autoconhecimento e autoconfiança.

Na prática, o ato de empoderar-se (self-empowerment), o nosso bom e velho empoderamento pessoal, nada mais é do que a atividade de reforçar em nós o conjunto de estratégias, ferramentas e atitudes que nos momentos decisivos nos dão força, dizendo-nos internamente "você pode!", dando o empurrão necessário para a subida.

As estratégias de empoderamento podem ser tão variadas quanto as pessoas e suas histórias de vida. Algumas são gatilhos mentais, lembrar de desafios já superados, projetar no futuro as sensações de como será quando chegar ao estado desejado, e até mesmo fazer boas sessões de hipnose ericksoniana para acordar seus recursos inconscientes.

Cada um recorre ao empoderamento da forma que mais lhe fizer sentido e não há nada de estranho em escolher caminhos pouco usuais nesta trajetória. O nadador Thiago Pereira, medalhista olímpico em Londres e dono de mais de dezoito medalhas em Pan-Americanos, sempre foi famoso por algo que acontecia fora da piscina em suas competições. O motivo é a característica torcida de sua mãe, que com gritos histéricos de "Vai, Thiago!", durante todas as provas do filho, dava um toque de humor às coberturas esportivas e aos presentes.

Como quase tudo na vida, o empoderamento é também um processo, e que muitas vezes se dá ao final de uma trajetória e não em um estalar de dedos, o que a princípio poderia ser até mais prático, mas não mais prazeroso ou cheio de ensinamentos. Esse processo de self-empowerment pode ser tão transformador que pouco a pouco nos tornamos capazes de ir mais e mais além.

Descobrimos que nossos limites não são aqueles que imaginávamos e isso nos abre a porta para avançarmos, deixando de lado as balizas do início. Descobrir-se empoderado nos dá, na prática, o equilíbrio para remover as rodinhas da bicicleta que, no início, foram o suporte fundamental para não cairmos. Uma vez que você se descobre apto a pedalar sem provar o peso da gravidade a cada tombo, elas se tornam dispensáveis.

A base do self-empowerment é outra estrutura-chave do *coaching*: o autoconhecimento. Só desbravando a si mesmo é que você se torna capaz de renunciar àquilo que não se adequa a você, a eleger os melhores caminhos e a fazer as escolhas mais certeiras.

Empoderar-se é, ao invés de naufragar, escolher manter-se de pé. É, ao invés de esconder-se da vida, encará-la com plenitude. Ao invés de culpar os outros por tropeços do passado, escolher encontrar forças para continuamente seguir adiante – mas do seu jeito, que é o jeito certo. Por isso, o self-empowerment ativa a sua capacidade de realização, com o despertar da sua essência, para chamar atenção para as suas potencialidades infinitas, transformando você em um ser sem limites. E tudo isso com um simples despertar de uma força que, por estar naquele lugar tão óbvio, você nunca imaginou encontrá-la lá, em você mesmo.

OS CINCO ESTÁGIOS DA MUDANÇA E DO EMPODERAMENTO

O luto revela a dor e o sofrimento por uma perda que ainda não foi superada. A mudança tem o mesmo sentido, traz-nos um desconforto ou uma dúvida para o próximo nível. Mudar significa sair da zona de conforto, significa que consciente e inconscientemente passamos por cinco estágios, como acontece com o luto.

Dizem que a única certeza que temos na vida é a morte, porém, ela ainda é considerada um grande mistério para todas as pessoas. É possível prever o nascimento de uma pessoa, mas a morte, dificilmente iremos prever. Mesmo que os dias de vida sejam contados e previstos por médicos, baseados no estado clínico terminal do paciente por conta de doença grave, ainda assim, o dia e hora exatos da nossa morte dificilmente serão conhecidos. Talvez seja por isso que não nos preparamos para esse momento. Ele simplesmente acontece, assim, como um sopro ou um último suspiro e pronto, já não estaremos mais aqui, no mundo material, físico.

Para quem fica, o luto é considerado um momento de dor e vazio, de despedida forçada e para sempre, porém ele é um processo necessário e fundamental para qualquer tipo de perda. Não apenas para perda de uma pessoa que estimamos, amamos e que faz parte de nós direta ou indiretamente, mas para qualquer tipo de perda, como emprego, carreira, relacionamentos etc.

O processo de luto se dá para todos, sem distinção. A diferença está na forma que os sentimentos acontecem, pois geralmente o luto vem acompanhado por tristeza, revolta, culpa, susto (choque), solidão, ausência, desamparo, mas também por sentimentos como alívio, emancipação. Tais sentimentos podem refletir em vários sintomas físicos e emocionais, tais como aperto no peito, dor de estômago, nó na garganta, falta de ar, perda de energia, tristeza profunda, isolamento, entre outros.

Tomar consciência de que nunca mais poderá ver aquela pessoa ou fazer as mesmas atividades, ter os mesmos momentos, pode levar uma pessoa a perder também todos os sonhos, projetos e todas as lembranças associadas ou a ressignificá-los, dando-lhes um novo valor.

OS 5 ESTÁGIOS DA MUDANÇA

Assim como existe o ciclo da vida, segundo a biologia, que é nascer, crescer, reproduzir e morrer, existem os ciclos da morte, definidos pela psiquiatra Elisabeth Kubler-Ross, que conseguiu identificar a reação psíquica de cada paciente em estado terminal e elaborou o Modelo Kübler-Ross. Nele, ela que propõe uma descrição de cinco fases (estágios) do luto, pelos quais as pessoas passam ao lidar com a perda, o luto e a tragédia. O mesmo acontece com as mudanças em nossa vida.

O luto é um tipo de mudança profunda, subjetiva, interna, o qual podemos utilizar metaforicamente em grandes transformações e mudanças de fase e ciclos de nossa vida.

Compreender os estágios do luto/mudança nos ajuda a entender a nossa dor e a dor do outro e aprender a respeitar o tempo. Essas cinco fases são: Negação – Raiva – Barganha – Depressão – Aceitação (NRBDA). Conforme Ross, elas nem sempre ocorrerão nessa ordem e não possuem um prazo prédefinido para acontecer, tudo depende do tipo de perda e de como cada pessoa reage a ela, ao luto, à doença ou a uma tragédia. No entanto, uma pessoa sempre apresentará ao menos duas dessas fases, também considerados estágios:

1º Estágio: Negação Essa é a primeira fase e a mais dolorida, também considerado o estágio do isolamento, pois a pessoa pode não querer falar sobre o assunto e se afastar. É o momento dos "porquês" e dos "ses". Momento em que parece impossível acreditar no que aconteceu. Essa fase é considerada um mecanismo de defesa temporário do ego contra a dor psíquica diante da morte. Esse estágio normalmente não persiste por muito tempo, sendo logo substituído por uma aceitação parcial, porém varia de pessoa para pessoa, dependendo da intensidade do sofrimento de cada um e de como as pessoas mais próximas serão capazes de lidar com a dor. Durante a transição desse estágio para o estágio raiva, é comum a pessoa falar sobre a situação e, de repente, negá-la completamente.

2º Estágio: Raiva Essa é fase da revolta, da rebeldia, do descontrole emocional, dos ressentimentos, onde a pessoa se sente injustiçada e inconformada com a perda, pelo fato do ego não conseguir manter a negação e o isolamento. É a fase do "por que comigo?", "com tanta gente ruim pra morrer, por que eu, que sempre fiz o bem, sempre trabalhei e fui honesto, perdi a pessoa que mais amo?". Nessa fase, relacionar-se é quase impossível. Os relacionamentos se tornam problemáticos, devido ao caos e à hostilização que a revolta traz ao ambiente. É importante, nessa fase, haver compreensão dos demais.

3º Estágio: Barganha Essa é fase também conhecida como negociação da dor pela perda, pois foram deixados de lado a negação e o isolamento e a pessoa percebeu que a raiva não resolveu, então ela começa a barganhar com ela mesma e com Deus, em segredo, com pedidos e súplicas. É a fase do "Vou ser uma pessoa melhor, serei mais gentil e simpática com as pessoas, terei uma vida saudável". Nesse estágio, uma pessoa que, por exemplo, está passando por uma doença que a impossibilita de continuar suas atividades começa a ficar mais serena, reflexiva e humilde. Se a saúde dessa pessoa não se restabelece, mesmo tendo barganhado com Deus, a pessoa passa a utilizar inconscientemente outros recursos, como os pactos, promessas, sacrifícios, acordos entre ela e Deus para que tudo volte ao normal.

4º Estágio: Depressão/Tristeza Essa é a fase em que a pessoa toma consciência de que perdeu e de que não há como "voltar atrás". É a fase mais longa. Algumas pessoas demoram décadas para sair dessa fase ou nunca saem – muito comum quando se perde um filho. Para quem tem uma doença terminal, é o momento em que já não consegue negar sua doença, quando as perspectivas da morte são claramente sentidas e percebeu que negar, revoltar-se e negociar a cura não resolveu. Esse é o momento em que as pessoas à volta devem estar mais próximas da pessoa doente ou que foi acometida pela perda de um ente querido, pois nessa fase a pessoa se isola totalmente do mundo e do convívio social. Sentimentos de melancolia, desânimo, desinteresse, apatia, tristeza, choro e impotência são comuns.

5º Estágio: Aceitação Essa é a última fase do luto e a pessoa aceita a perda com paz e tranquilidade, pois já não se nega mais, não se revolta, nem negocia. O estado de depressão foi substituído pela aceitação, mudando, assim, a sua perspectiva e preenchendo o seu vazio. Para a pessoa que está com uma doença terminal, ela não experimenta mais o desespero e nem nega sua realidade, pois o que ela quer é "descansar em paz".

Embora não entendamos por que as pessoas e coisas se vão para sempre ou porque uma doença chega exatamente em nós, ou ainda um problema muito grande, uma crise, uma depressão, mesmo existindo milhões de pessoas espalhadas pela Terra, o importante é saber que o luto/mudança é necessário e muitas vezes inevitável. Saber passar por cada estágio e sair dele é um processo que exige muito autoconhecimento e coragem para reagir diante do que aconteceu e tirar grandes aprendizados, o que pode tornar a vida melhor e com mais propósito e significado. Valorizar o que temos, enquanto temos, e dar importância a nós, ao outro e ao mundo à nossa volta é atitude importante para continuar existindo. Na maioria das vezes, não será possível reviver todos os momentos plenamente, portanto, é necessário ressignificá-los. A escolha de ressignificar depende de cada um de nós, de como reagimos diante de cada situação. Na vida, assim como na morte, devemos estar preparados para a mudança, para o encerramento de ciclos e para entender a clareza do nosso papel no mundo. Isso é importante para evoluirmos como seres humanos e aproveitarmos ao máximo o que a vida nos oferece, enquanto oferece.

DESPERTANDO SEU PODER EM SETE PASSOS

Segundo Paul McKenna, decidir agir é o passo mais importante para alcançar níveis mais profundos de consciência e atingir momentos de bem-estar subjetivo e sucesso. Os próximos sete passos podem ser uma excelente forma de você aprender a se manter no controle da sua vida e a ativar o seu empoderamento (self-empowerment).

Lembre-se sempre: a mente é a força criativa dominante. Seus pensamentos podem ser muito mais poderosos se você estimular a sua mente com afirmações positivas. Isso possibilitará mudanças surpreendentes em um futuro próximo – continuando a treinar a mudança de Mindset.

Ao invés de buscar realizações que estão além do seu alcance, passe a buscar realizações dentro de você mesmo e a achar mais contentamento em seu interior, para alcançar mudanças positivas e significativas em sua vida.

O fato de você ter escolhido investir em sua própria evolução lhe trará o grande diferencial que você busca em sua vida. E essa decisão irá melhorar progressivamente sua qualidade de vida, pois a sua vida pode ser surpreendente se você ousar ir além.

1. INICIANDO O PROCESSO – RELAXAMENTO

Você deve praticar de olhos fechados. Portanto, não realize enquanto estiver dirigindo, usando qualquer tipo de equipamento ou quando estiver em ambientes agitados. Execute as técnicas em segurança, apenas quando puder relaxar totalmente.

Durante a experiência, é melhor se sentar ou deitar em algum lugar bem confortável, onde possa ignorar tudo o que acontece ao seu redor. Feche os olhos.

Esta técnica de relaxamento não tem como objetivo fazer você dormir. Você pode gravar sua leitura desses passos e relaxar enquanto a ouve. É como sonhar acordado: você precisa relaxar. Pode ser que, depois, você não se lembre de tudo. Mas o importante é que você fique à vontade.

2. MERGULHANDO NA SUA MENTE INCONSCIENTE

Agora, coloque-se em uma posição confortável, feche os olhos quando se sentir pronto(a) e preste atenção em sua respiração e no funcionamento do seu corpo. Concentre-se em relaxar. Quando precisar acordar, você acordará completamente desperto(a). Mas, por enquanto, deixe-se levar.

Ao final deste processo, você despertará revigorado(a), com uma profunda sensação de calma interior e tranquilidade. Portanto, convido você a ter atenção à sua respiração e no subir e descer suave do seu abdome. Respire profundamente. Inspire bem devagar e expire.

Ainda de olhos fechados e consciente, comece a contar, de trás para frente, começando por 300: 300, 299, 298, 297, 296... Muito bem! Continue contando de trás para frente. À medida que vai relaxando profundamente as pálpebras, os músculos ao lado dos olhos, os músculos ao redor da boca, toda a sua musculatura... Perceba o movimento confortável do seu tórax. Perceba o movimento ou a posição confortável de suas pernas. Perceba o movimento confortável de seus pés. Sinta os ombros relaxados. Relaxe os braços, as mãos, os dedos...

Sinta o peso de suas mãos. À medida que você vai ficando mais relaxado, talvez uma mão pareça mais pesada do que a outra ou ligeiramente mais quente.

Aqui e agora, você sente as energias e percebe os sons, a temperatura, as sensações, as reações e a suave leveza de se entregar, experimenta a paz e estar aqui e agora.

Você não precisa pensar em nada disso, se não quiser. Basta se concentrar e mergulhar cada vez mais fundo dentro de si, na direção do seu próprio silêncio interior, repleto de luz, paz e bem. Quando você emerge de si mesmo(a), essa paz interior se torna cada vez mais real e mais próxima.

Você respira naturalmente. E sua mente continua a trabalhar. Mas você pode se desligar do que acontece ao seu redor. As suas sensações, a sua compreensão e a sua consciência podem simplesmente relaxar.

Você está aprendendo a programar seus pensamentos com facilidade. Você se ama e não se julga. Você está se tornando mais responsável. A vida e o Universo apoiam e incentivam suas transformações. A sua autoimagem está mudando. E você está pensando em si mesmo(a) de maneira muito mais saudável e positiva.

3. PENSAMENTO POSITIVO

Convido você a parar um pouco para imaginar um tempo daqui várias semanas. Você tem ouvido as técnicas repetidamente, tem se dedicado bastante à prática. Você tem pensado em si mesmo de maneira muito mais positiva, percebendo algumas mudanças maravilhosas. Você está mais produtivo, mais feliz. Seus relacionamentos estão prosperando. Você está começando a ter resultados ainda mais extraordinários.

Reflita: qual parte de sua vida mais lhe agrada? Proporcione a si mesmo(a) essa sensação de prazer, ampliando e intensificando essa sensação de tanta satisfação.

Você sabe que fazendo o que é bom para você e o que verdadeiramente funciona, praticando e ouvindo repetidamente esta técnica, você pode alcançar tudo o que deseja. Você sabe o quanto é bom e reconhece seu valor quando faz o que realmente importa para você, quando suas ações são congruentes com seus valores. E você pode mais e mais todos os dias. Não importa o que aconteça, você sente uma satisfação interior ao fazer algo relacionado aos seus valores.

Quando você pensar em alguma limitação que possa vir a ter, pergunte a si mesmo: "Será que alguém, que tem essa mesma limitação que eu, alcançou o sucesso?". Há sempre maneiras diferentes de enxergar o mundo.

Quero agradecer à área responsável por comandar sua autoimagem em sua mente, por fazer todas as coisas boas que ela faz por você, protegendo, ajudando, tornando quem você é. Mas também quero que ela alcance todas as coisas positivas que ela vem fazendo. E sem limitações desnecessárias ou crenças limitantes sobre si mesmo.

Talvez você nem tenha consciência desse processo. Talvez sua mente inconsciente ainda esteja decidindo quais são elas, verificando se é bom que você tenha essa autoimagem, acreditando apenas nas mudanças que não provoquem nenhuma objeção, que possam ser integradas à sua experiência e ao seu comportamento no ritmo e velocidade adequados.

Desejo que a área localizada na parte inventiva de sua mente inconsciente te ajude a encontrar soluções para os problemas. As pessoas lhe demonstram amor e respeito. E você também encontra uma enorme satisfação em demonstrar o mesmo por elas. Você descobre formas novas, estimulantes e mais fáceis de trabalhar, de se divertir e de ter verdadeiro prazer na vida. Você supõe que os outros estão pensando só coisas boas a seu respeito e notam as qualidades especiais que te tornam uma pessoa merecedora de amor.

Agora volte para seu corpo. E, assim, de modo singular, as coisas vão se ajustando conforme sua harmonia de energia. Aprendemos a ser conscientes e a ouvir nossos instintos, nossa visão interior, a confiar em nós mesmos e a descobrir em nosso interior o critério do que é certo e errado. E, desse conhecimento, vem a nossa força.

4. SENTIMENTOS DO "EU" IDEAL

Pense no seu "eu ideal e autêntico". Observe sua postura, sua maneira de se vestir e falar. Observe seu jeito de ser e como os outros tratam você.

Agora vá até o seu "eu ideal" e entre em si mesmo, como se tivesse vestindo uma roupa nova. Sinta essa impressionante diferença e acostume-se com ela. Imagine-se em seu ambiente de trabalho ideal... Como se sente? Imagine-se em casa... Como se sente?

Agora lembre-se de um momento em que experimentou uma grande alegria. Tendo escolhido essa situação, reviva-a do começo ao fim. Entre nesse momento e veja através dos seus olhos, ouça através de seus ouvidos e sinta todas aquelas sensações agradáveis que voltam a tomar conta de você. Perceba o quanto é bom voltar a esse momento.

Sempre que se sentir menos dinâmico(a), você vai se lembrar de como alterar seu estado mental e físico. Modificando as imagens que você visualiza, vai se lembrar que, independente do que está acontecendo ao seu redor, tem a liberdade de optar pela sua paz interior.

Todos os dias você vai estabelecer resultados positivos de grande capacidade mental e física ao se lembrar de todos os momentos em que vivenciou os estados de confiança, amor, carinho, felicidade e vai almejar experimentar muitas vezes mais. Você vai senti-los intensamente em seu corpo e vai condicionar sua mente para ansiar mais desses sentimentos agradáveis em sua vida dia após dia.

Agora, convido sua mente inconsciente a lembrar momentos em que você se sentiu maravilhosamente bem. Busque se identificar totalmente com esses momentos. Compreenda como você provocou a si mesmo(a) esses momentos maravilhosos e faça com que eles aconteçam espontaneamente, mais e mais, cada vez mais intensos todos os dias.

Você é totalmente capaz de solucionar problemas. E sua mente vai inventar maneiras criativas de superar obstáculos. Você vai começar a se ver como uma pessoa extremamente inteligente e talentosa. Você gosta de desafios. Percebe que eles te fortalecem e te dão mais sabedoria. E você é valorizado por suas conquistas.

Se você tivesse certeza, lá no fundo do seu ser, de que está aqui por algum objetivo que valha a pena, que está aqui para fazer algo maravilhoso em sua vida, deixar um legado e que você é uma pessoa extraordinária, como você se sentiria?

Agora, quero me dirigir ao seu "crítico interior". Entenda que pode haver benefícios quando você critica a si mesmo. E quero agradecer a ele e reconhecer seu valor por ajudar você a chegar até aqui. Entretanto, quero que sua mente se exercite para encontrar, para todas as coisas que o velho crítico costumava lhe oferecer, novas formas que não envolvam críticas.

Você não terá dificuldade em fazer um jejum de negatividade. E sempre que você se sentir mal sobre qualquer coisa, você vai parar e perguntar a si mesmo: "O que faz eu me sentir assim?". Você vai tomar as medidas adequadas e voltar a focar a mente no que faz você se sentir verdadeiramente bem. Isso vai acontecer de modo automático. E, quanto mais a sua mente agir assim, mais natural será para você ser ainda mais positivo. Sua mente vai se concentrar no positivo naturalmente. E você vai se tornar mais talentoso(a).

De hoje em diante, você vai perceber como se sente realmente bem, muito mais otimista e feliz. Imagine o tipo de pessoa que você é, as qualidades que possui, a confiança, as sensações de segurança. Você gosta ainda mais de si mesmo?

Imagine o seu "eu ideal". Torne essa imagem maior, mais brilhante e nítida.

E entre no seu "eu ideal".

5. FOCO NO OBJETIVO

E agora que você sabe para onde vai, pode se certificar de que cada um dos seus passos sejam dados nessa direção. Concentre-se em seus objetivos e propósitos.

Quando estiver dirigindo, olhe para o retrovisor de vez em quando. Mas mantenha o foco onde quer chegar. A sua autoestima está aumentando. Você respeita a si mesmo. Você se ama e se valoriza. E está cada vez mais positivo(a) e confiante. Você se sente otimista e tem entusiasmo para viver. Você se certifica de que seus objetivos estejam em harmonia uns com os outros, o que facilita que eles se realizem. Seus objetivos ampliam suas habilidades. Eles te ajudam a aprender e a crescer. Agora você sabe o que quer. Sua mente vai encontrar formas de fazer as coisas acontecerem. Ela pode considerar todos os recursos que você vai precisar, como deve organizá-los e priorizá-los.

Manter a atenção em obstáculos que possam vir a aparecer no caminho nos permite encontrar soluções com antecedência. A sua mente pode mudar e alterar seus planos constantemente, assimilando as informações e as consequências, assim como um avião que está sempre ajustando a rota e seu destino.

Existem algumas coisas que você precisa fazer. Você sente alguma coisa quando essa compulsão toma conta do seu ser. Você pode se sentir de determinada forma quando pensar no que é necessário para alcançar seus objetivos. Pense em todos os benefícios que você vai desfrutar quando alcançar seus objetivos. Sinta isso em cada fibra do seu ser. Deixe que esses bons sentimentos despertem em você um desejo imensurável por alcançar seus objetivos. Você se cerca de pessoas positivas, que reforçam sua autoimagem positiva. Aprenda a interpretar de forma positiva o que os outros têm a dizer a seu respeito, para ressignificar. Veja essa crítica como um pedido de socorro, já que elas gostariam de ser tão extraordinárias quanto você.

Cerque-se de energias que lhe permitam extrair algo mais positivo de cada situação. Ouça agora as pessoas dizendo coisas positivas. Muito bem! Você é uma pessoa de boa índole. Todos gostam muito de você. Você ama e valoriza a si mesmo(a). Seus pensamentos são energias que vibram e trazem para você tudo aquilo que há de melhor na vida.

Você agora tem pensamentos de felicidade, otimismo, amor, carinho, abundância e de uma enorme paz interior. Você se lembra de perguntar a si mesmo: "Como posso fazer melhor da próxima vez?". Parabéns! Você merece se sair bem. Você é bem-sucedido(a). Você é criativo. O dinheiro vai em sua direção. Você está desenvolvendo uma consciência de prosperidade, de abundância. Você se cerca de pessoas de sucesso. Ganhar dinheiro é bom. É fácil para você gostar do seu trabalho. Você tem prazer em conversar com pessoas que se beneficiam do seu trabalho.

Convido você a imaginar uma enorme riqueza fluindo em sua direção naturalmente, sem dificuldades. Pode ser cédulas, cheques... Você pode sentir-se bem com o fato de que você merece essa riqueza. Imagine o quanto é agradável usufruir completamente da independência financeira. Imagine o conforto que uma grande riqueza lhe proporciona e a diferença que você pode fazer neste mundo.

6. DESFRUTANDO DA PROSPERIDADE

Imagine-se rico(a). Como é a sua aparência? Como é a sua postura confiante? Como você anda? Como você se comunica? Como você respira? Entre em seu "eu" verdadeiramente rico(a) como se estivesse vestindo uma roupa nova. E acostume-se a essa sensação. Sinta essa confiança de riqueza. E deixe que esse sentimento se espalhe por todo o seu ser.

Você sabe como é estar na zona de excelência, no fluxo, no auge. Agora, lembre-se de situações em que se sentiu na zona de excelência. Imagine momentos em que você vive este momento. Observe a sensação de estar em estado de flow.

Quando você experimenta qualquer estado, sua mente e seu corpo se lembram disso e criam um registro fisiológico e psicológico dele para que, em um momento adequado, você consiga usufruir deste momento outras e quantas vezes quiser. Antes, sua mente esperava até você se envolver em certas atividades para desencadear o estado de flow. Hoje, você pode fazer isso automaticamente. E, assim, você entra neste estado com tanta frequência que produz resultados cada vez mais extraordinários. Acredite que isso já faz parte do seu ser.

Convido sua mente inconsciente a procurar em suas experiências aqueles momentos específicos que ela experimentou em estado de flow. Junte todas aquelas conexões, sensações e pensamentos que façam você avançar no tempo até chegar no aqui e agora e até o futuro sempre que for adequado acessá-los.

Você pode ainda, com menos esforço, deixar-se levar pelo estado de flow. Talvez você consiga imaginar o tamanho da alegria e a paz de espírito que estarão em sua vida. Agora, quando você reviver todas as experiências em que esteve em estado de flow, quantas outras experiências estarão ao seu alcance para aprender e se beneficiar? Você se torna mais habilidoso. Você sempre obtém mais daquilo em que se concentra. Ao focar sua atenção, mais e mais, em entrar e permanecer no estado de flow, você vai vivenciar esse estado prazeroso cada vez mais. Como um rio que corre com força e facilidade, seu estado de fluxo corre com o que quer que lhe interesse. Todas as vezes em que praticar o estado de flow, você vai estimular as diversas conexões neurais em seu cérebro.

Você pode viver cada dia, cada respiração, como uma obra de arte que se revela, apreciando a beleza singular de cada momento à medida que ela se revela. Você tem prazer pelo simples fato de estar presente no aqui e agora. Você vai perceber que está mais feliz e mais realizado(a) daqui em diante. Você automaticamente encontra beleza e alegria em todas as coisas, a cada instante.

Imagine como seria se sua vida fosse totalmente feliz e com realização. Agora crie uma imagem clara e brilhante em sua mente. Aproxime-se e entre nesse seu "eu brilhante e mais feliz". Perceba como esses sentimentos são agradáveis, as diferenças, os pensamentos. E deixe que esse aprendizado integre seu sistema neurológico. Você está unificado em todas as coisas. Você entra em estado de flow com facilidade, naturalmente. Você se envolve em atividades que são adequadas e positivas que trazem muitos benefícios para sua vida.

Você escolhe entrar em flow, apreciando mais o que você faz todos os dias, até mesmo a menor atividade diária. Pode ser uma oportunidade para gerar fluxo. Você vivencia mais e mais situações em que o flow é mais e mais adequado. Sua mente inconsciente pode te levar ao estado de flow a qualquer hora do dia ou da noite.

Enquanto está sonhando, você pratica e incorpora seu aprendizado e suas experiências para ajudar sua vida a fluir com muito mais suavidade. A cada respiração, você se conecta com seu fluxo.

Imagine-se em um tempo no qual tudo está bem. Tudo está exatamente como deve ser. Olhe ao seu redor, veja o que tiver para ser visto, ouça o que tiver para ser ouvido e veja como é agradável estar neste tempo feliz. Perceba minuciosamente cada detalhe dessa experiência e o que faz você ter certeza de que está tudo bem. Quanto mais coisas boas você notar, mais permite que as sensações agradáveis se integrem profundamente em seu sistema neurológico e mais você tem prazer em explorar seu mundo ideal.

7. CAMINHE O CAMINHO

Convido você a imaginar como seria o seu dia ideal, desfrutando como ele já começa feliz, as pessoas que você encontra, a maneira que elas reagem à sua presença, os lugares aonde você vai, as coisas que você faz. Dedique um tempo para fazer isso agora. Alegre-se com a inteligência de sua mente criativa. Veja e ouça tudo em mais detalhes, e perceba o quanto é agradável.

E enquanto caminha o caminho no mundo, algumas vezes, você se questiona: "Houve um tempo em que não tinha nada, veja o quanto mudou em pouco tempo". Inúmeras mudanças são possíveis. Por isso, é importante relaxar.

Você pode sugerir para que sua mente inconsciente te mostre claramente todas as vezes em que puder relaxar com segurança e de maneira proveitosa, para que tenha uma sensação doce e suave em seus músculos e encontre sua paz interior.

Você pode relaxar pelo tempo que for necessário. E, quando despertar, é possível que você acorde com uma agradável prontidão. E quando você ganhar consciência do desejo de se tornar uma pessoa mais ativa, vai sentir que isso lhe dá prazer. Mas, antes de voltar a si, convido você a reforçar todos os pensamentos positivos que teve sobre sua pessoa, porque sabemos que todos podemos sonhar acordados, todos podemos dormir e todos podemos despertar. Ainda que não saibamos conscientemente como fazer isso.

DESPE

POI

TE SEU

DER

Que maravilha é manter na memória as sensações das experiências que vivemos. Digo isso porque sabemos que aprendemos muito mais quando sentimos, pois assim não é apenas a nossa cognição que atua sobre a aprendizagem, mas todo o nosso ser, nossa melhor parte.

Eu desejo fortemente que você, a partir de hoje, passe a dedicar mais tempo ao autoconhecimento, que você busque, cada dia mais, sua verdade interior. Desejo que você aprenda a dominar os mecanismos da sua mente, fazendo com que os aspectos positivos sejam sempre mais importantes que os aspectos negativos, que sua luz sempre vença a sua sombra. Desejo, ainda, que você se comprometa com a mudança, que suas ações digam mais sobre você que seus pensamentos. Nenhuma realidade é mudada quando a reflexão não gera uma ação concreta.

Despertar o seu poder interior é uma decisão unicamente sua e que pode mudar completamente o cenário da sua vida. Quanto maior se torna o controle que você tem sobre sua própria vida, mais medos e crenças limitantes serão eliminadas dela.

Talvez você tenha sido curada(o) de alguns desses medos e crenças nessa leitura. Muitas vezes medos, angústias, tristezas e crenças que carregamos conosco nos impedem de construir uma vida de sucesso, felicidade, prosperidade e autoconfiança. Quando nos libertamos das amarras conscientes e inconscientes, conseguimos fazer uma projeção ao futuro: planejando metas, criando mapas de objetivos, reprogramando nossa mente.

Desperte seu poder!

Ser de luz, você está preparado para subir novos degraus. Está preparado para alcançar um novo momento, começar um novo ciclo. Use as ferramentas que apresentamos a você, some a essas ferramentas os seus recursos internos.

Toda a mudança começa com o primeiro passo e toda a força necessária existe dentro de você.

Paz e luz.

José Roberto Marques
Presidente do Instituto Brasileiro de Coaching – IBC

FONTES Fakt e Tungsten